イラスト版
子どもの
アサーション

園田雅代 [監修・編著]
[創価大学教育学部教授]

鈴木教夫
[元小学校教諭] [編著]

豊田英昭
[北区立滝野川第四小学校副校長]

自分の気持ちが
きちんと言える
38の話し方

合同出版

この本を読んでくれる子どもたちに

　この本は、子どもたちに読んでもらってわかるよう書かれています。本の中身は、あなたのコミュニケーションや友だちづき合い、家族とのかかわりかたやほかの人とのやりとりなどに役に立つようなヒントが盛りだくさん、です。

　この本には、たとえばあなたが人に話しかけたいとき、素直にあやまりたいとき、だれかに助けてほしいなと思っているとき、そういうことをどんなふうに言ったらよいかなど、多くのヒントが書かれています。

　いやなことを言われてカチンときたとき、それを言えないまま、自分のなかにだけためているのはつらいものです。でも、へたに言い返したらけんかになったりしないか心配、というときもあります。

　この本には、そういった場面ではどうしたらよいのか、どんなふうに言ったらよいのかなどもとりあげています。

　どうですか？　この本はあなたの役に立ちそうですか？　むずかしいことはともかく、「イラストがかわいいから読んでみようと思った」でも、「興味のあるところだけ、ちょっと見てみよう」でも、もちろんOKです。

　本は、文章を書く人、イラストを描く人、本としてまとめる仕事の人、みんなの力を合わせないとできあがりません。また本を売ってくれる人がいないと、すてきな本でも読者のところに届きません。そして何といっても、その本を読む人がいなければ、その本は「アウト」です。ですから今、あなたに言いたいことは「この本を手にとってくれて、ありがとう」の言葉です。

　そして、あなたのコミュニケーションや友だちづき合いなどに、この本がちゃんと役に立てたなら、なによりです。ぎゃくに、「本に書いてあったとおりにしたのに、うまくいかなかった」「ダメじゃん」と思ったりしたら、一言、「ごめん、せっかく実行したのにがっかりだったね」と伝えたいです。

　でも、コミュニケーションや友だちづき合いは、少しずつ練習で身についていくもの。一度やってみてうまくいかなかったとしても、また練習をしていってほしいです。それに、コミュニケーションや友だちづき合いは、自分ひとりだけでどうにかすることではなく相手があってのこと。相手からがっかりするような反応が返ってきたから「もうダメ」「友だちじゃない」などと決めつけていたら、いつまでたっても友だちができなかったり、コミュニケーションに自信をもてなかったりするかもしれません。

　ですから、この本をヒントにしながら気長に練習をしていってほしい、と願っています。そして「練習している自分ってえらいな」「今からコミュニケーションの練習をしていたら、きっとすてきな大人になれるね」などと、自分で自分をいっぱいほめてあげてください。そんなふうにこの本があなたに使われたら、とてもうれしいです。

執筆者を代表して　園田雅代

もくじ

この本を読んでくれる子どもたちに ……………………………………………… 3
この本の使い方 ……………………………………………………………………… 6

第1章　基礎編

1	こんなときどうしますか？ ………………………………………………	8
2	あなたはどんなタイプですか？ …………………………………………	10
3	どの表現がよいと思いますか？ …………………………………………	12
4	アサーション・トレーニング　ふだんのあなたはどうですか？ ……	14
5	自分が好きですか？ ………………………………………………………	16
6	アサーション・トレーニング　自他尊重の心を育てる ………………	18
7	感じたままを伝えていますか？ …………………………………………	20
8	自分の気持ちを知っていますか？ ………………………………………	22
9	アサーション権を知っていますか？ ……………………………………	24

第2章　実践編

10	人に話しかけたいとき …………………………………………………	26
11	人の話を聞いてあげよう ………………………………………………	28
12	アサーション・トレーニング　話の聞き方を練習する ……………	30
13	自分の意見を主張していいんだよ ……………………………………	32
14	アサーション・トレーニング　自分の考えを整理する ……………	34
15	人にお願いをするとき …………………………………………………	36
16	ものの貸し借り …………………………………………………………	38
17	あやまれるってすばらしい ……………………………………………	40
18	知っている言葉で話せばいいんだよ …………………………………	42
19	アサーション・トレーニング　話をくり返したり要約したりする …	44
20	聞き返してもいいんだよ ………………………………………………	46
21	人とちがう意見をいっていいんだよ …………………………………	48
22	「いや」といっていいんだよ …………………………………………	50

23	アサーション・トレーニング　注意のしかた ──み・かん・て・い・いな	52
24	頭にきたとき	54
25	アサーション・トレーニング　リフレーミング──見方を変える	56
26	「つらい」といっていいんだよ	58
27	いつも話を聞かなくてもいいんだよ	60
28	トラブルや対立が起こったら	62
29	いじめを見たら	64
30	友だちがいじめで悩んでいたら	66
31	友だちがひさしぶりに登校したら	68
32	友だちの服装や様子が気になったら	70
33	友だちがキレて暴力をふるったら	72
34	友だちが勉強で困っていたら	74
35	友だちが予定が変わって混乱していたら	76
36	バカにされカーッとしたら	79
37	予定が変わって混乱してしまったら	82
38	がんばっているのに認めてくれなかったら	85

第3章　解説編

1	アサーションの意味は？	88
2	アサーションの5つの特質	90
3	アサーション・トレーニングがアメリカなどで生まれた理由	93
4	アサーション・トレーニングの2つの目的	94
5	アサーション・トレーニングから期待できる効果	95
6	アサーションを伝えていくときの3つのコツ	99

あとがきにかえて──子どもの疑問・反論をどうぞ大切に　101

この本の使い方

　この本はどうぞ、あなたのすきなように読んでください。はじめから全部きちんと読まないと意味がわからないという心配はないので、「読みたい」と思ったところから読んでくれるのでかまいません。

　読みたいところを見つけるには、本をパラパラとめくって、イラストが目にとまったところでもいいし、もくじを見て、あなたが気になったところから、というのでもよいのです。

　私たちとしてはわかりやすく書くようにがんばったつもりです。でも、あなたが読んで、「え〜、ちょっとわからない」とむずかしく思うところもあるかもしれません。それはあなたが悪いから、本の読み方がまちがっているから、ということではありません。

　むずかしい理由は、コミュニケーションや友だちづき合いには、たったひとつの正解しかないわけではないからです。

　たとえば、もしあなたにかなしいことやつらいことがあったとき、「平気、平気、元気出して！」と明るく元気づけてもらったり、何かおもしろい話をしてもらっていっしょに笑うのがいいか、それとも「たいへんだね」とさりげなく声をかけてもらうのがうれしいのか、あるいは、しずかに見守ってもらうのがいいか、人さまざまですね。また、おなじ言葉でもかけられた相手によっても感じ方がちがうでしょう。

　こんなふうに、コミュニケーションや友だちづき合いには、「2＋3＝5」のような、たったひとつの正解があるわけではなく、またこういう言い方をすれば絶対にうまくいくというようなマニュアルがあるわけでもありません。

　コミュニケーションや友だちづき合いで大切なことは、ひとつの正解だけを求めたり、マニュアルどおりにただまねして表現したりすることではなく、自分が何をどんなふうにいうか、自分でいろいろと考えたり、練習したりすることです。

　この本は、「こういうときにはこんなふうな言い方をするといい」という提案もたくさん書かれていますが、同時に、「自分がどんな気持ちか、なにを相手に言いたいのかなど考えていこう」ということをすすめています。

　いい方をかえると、「自分の気持ちや言いたいことを大切にしていいんだよ」、そのためには「自分がどんな気持ちなのか、落ちついて

考えてみよう」「自分の言いたいことを打ち消さないで。自分の意見や考えを、できるところから少しずつ言葉にしていこう」といったメッセージがこめられています。

　はじめてそういうメッセージにふれる人にはわかりにくいかもしれません。大人にだって、すぐにはわかってもらえないことはよくあります。ですから、あなたがすぐにわからないところがあっても、当然なのです。

　また、この本は、コミュニケーションや友だちづき合いに関する考え方にもふれています。

　たとえば、「ほかの人と意見がちがってもいい」とか、「仲よしでもいつも意見が同じでなくていい」などと書いてあります。これを読んで、びっくりしたり、「えっ、ほんとう!?　それはまずいでしょ」などと不安に感じたりした人もいるかもしれません。

　こんなふうに、あなたの日ごろの考え方をちょっとゆさぶるような内容もあるかもしれません。この本の中身について「わからない」とか「これはおかしい」と感じた点は、どうぞその疑問を打ち消さず、大切にしてください。できたらゆっくり考えながら読み進めてもらえたら、とてもうれしいです。

　ひとりで読むだけでは混乱すると思ったり、ほかの人の意見も聞いてみたいと思ったりしたら、友だちや家族、学校の先生など、あなたが「信頼できる」と思っている人の意見を聞いてみてください。

　すぐに納得できるような答えは得られないかもしれませんが、相手の意見を聞きながら、自分の考えを深めていくこと自体がとても貴重な体験ですし、コミュニケーションのすてきな練習にもなります。

　「まわりに話せるような人はいない」と思っている人には、「ためしに、身近な人に話しかけてみようよ」と言いたいです。ちょっとでも話しかけることで、友だちになれるかもしれませんし、話せる大人に出会うかもしれません。

　この本はたとえていうと、「100メートル競走」ではなく、「より道、大いにＯＫの散歩かマラソン」のような本です。ぱっと読んでやってみておしまい、ではなく、自分の疑問や考えを大切にしながら、何度も読み返してもらいたいです。

　気長に練習しながら、コミュニケーションや友だちづき合い・人づき合いの力を育てていってください。大人になること、人づき合いをしていくことはめんどうくさかったりたいへんだったりもしますが、でも、あなたの自信を育ててくれることでもあるのです。

★第1章★

01 こんなときどうしますか？

　AくんとBくんは帰宅後、公園で待ち合わせをしてあそぶ約束をしました。ところがAくんは待ち合わせ時間になっても連絡もなく、やってきませんでした。もしあなたが待たされたBくんだったらどうしますか？

① 一方的に自分の気持ちをぶつける。　　② 自分だけががまんする。

待たされたことに腹を立て、約束をやぶったAくんを一方的に責めると相手はどのように感じるでしょう？

待たされたことに腹が立ったがなにもいわずがまんする。その場はおさまるが自分の気持ちはどうなるでしょう？

　①のように自分の気持ちや思いを相手に伝えるため、一方的に相手をやりこめたり、反対に②のように自分の気持ちを伝えたいのに相手の気持ちを気にするあまり、がまんしてだまってしまったりすることはありませんか？①、②以外にもっとじょうずに自分の気持ちを伝える方法があります。

自分の気持ちも相手の気持ちも大切にする伝え方

❶ ていねいに自分の気持ちを伝えよう
- 相手を責める口調にならないように、自分の気持ちを伝える（アイ・メッセージ）。
  英語でI（私）・message（気持ち）＝アイ・メッセージという。

❷ 相手は理由を伝えてあやまろう
- 相手の気持ちを受けとめて迷惑をかけていれば率直にあやまる。

①あの、昨日のことなんだけど。ずっと待ってたんだよ。30分も待ってたのにこないからあきらめて家に帰ったよ。約束を忘れてたかなあ、とっても残念だったよ。

②ごめん、ごめん、そうじゃないんだ。昨日は、お母さんに急に用事を頼まれて行けなくなったんだ。連絡できなくてごめん。

③そうだったの。すぐ連絡してくれれば、気持ちがスッキリしたのに。これからは、早めにいってよ。

④うん、これからは気をつけるね。わかってくれてありがとう。

Bくん　Aくん

❸ 理由があればていねいに受けとめよう
- 理由をきちんとたずね、相手の事情や状況を理解したうえで、自分の受けた気持ちやこまった点についても伝える。

❹ 理解してもらえたら感謝しよう
- 理解してもらえたことに感謝する気持ちを伝える。迷惑をかけたことをあやまる。

アドバイス

　子どものコミュニケーションのスタイルやスキルは、子どもがもって生まれた個性や家族や家庭環境に大きくかかわっています。家庭のルールやしつけのあり方はさまざまで、その価値観や考え方も多様です。子どもは、家族をコミュニケーションの主たる対象としていた時期から、保育園や幼稚園、小学校、中学校などの社会集団のなかでコミュニケーションの幅を広げていきます。当然、身につけてきた価値観や考え方のちがいから、大小の衝突やトラブルに遭遇することになります。自他尊重をもとにしたコミュニケーション力を身につけることは、良好な対人関係やよりよい問題解決に至る道につながります。

★第1章★

02 あなたはどんなタイプですか？

Aくん
自分の気持ち思いだけが大切。自分はサイコー！

Bさん
相手の気持ちばかり考えてしまう。自分に自信がない。

Cくん
自分の気持ちも大切だけど相手も同じように認めようとする。

　日常生活の中には、「自分と親」「自分と友だち」「自分と学校の先生」「自分と地域の人」などさまざまな人間関係があります。人と接するとき、あなたはどんなことに気をつけていますか？
　親や友だちなどと良好な人間関係をきずいていくために、「アサーション」という大切な考え方があります。アサーションとは、「自分の気持ちや思いを大切にすると同時に、相手の気持ちや思いを大切にする」というコミュニケーションのスキルです。
　人間関係は自分と相手（二者間）が基本となりますが、それぞれ相互尊重（自分を大切にし、相手も大切にする＝自他尊重）の気持ちや考え方がなければなりません。アサーションの考え方は、練習すればだれでも身につけることができます。

アサーションの考え方

下の図のA〜Cくん、どのタイプに自分があてはまると思いますか？
アサーションはCくんのような考え方のことをいいます。

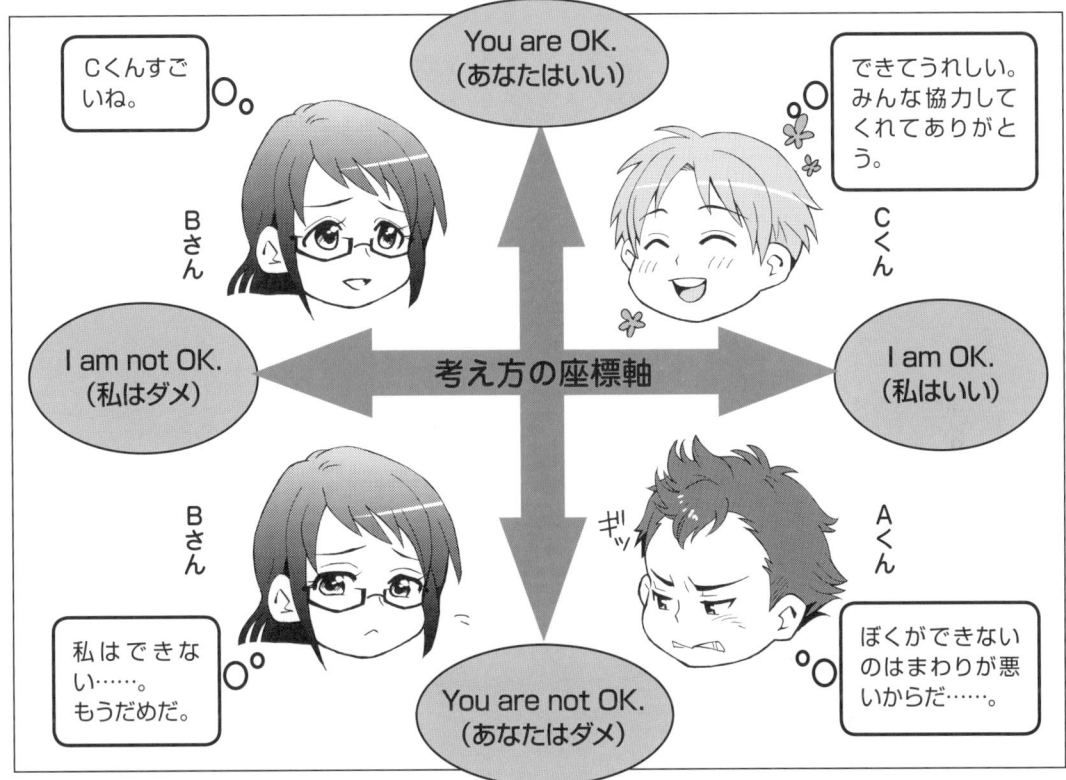

アドバイス

　人間関係のあり方は、大きく3つのタイプ（スタンス＝態度）に分類することができます。
　第1のタイプは、自分の気持ちや思いを大切にするが、相手の気持ちや思いはないがしろにする「自己肯定・他者否定（I am OK.You are not OK.）」のスタンスです。自分は他者よりも常に優れていると考える傾向が強く、なにか問題が起きるとその責任を他者に転嫁したり、他者に対して攻撃的になったりします。
　第2のタイプは、自分の気持ちや思いの実現はあと回しにし、相手の気持ちや思いを優先する「自己否定・他者肯定（I am not OK.You are OK.）」のスタンスです。自分には人よりも優れたところがないと思ったり、自信がもてないと感じたりする傾向があります。他者の気持ちや思いにのまれて自分にとって不公平感や損失感があっても自分を主張できず、受身的な対応になりがちです。
　第3のタイプは、まず、自分の気持ちや思いを大切にするが、相手にも同じような気持ちや思いがあることを認めようとする「自己肯定・他者肯定（I am OK .You are OK.）」のスタンスです。
　日常生活のなかで、なにか課題や対立や葛藤が生じたときに自分の主張や意見をきちんと相手に伝え、相手の意見や主張についても誠意をもって受け止め、自分も相手も大切にしてよりよく話し合って問題を解決していこうとする人間関係のあり方、この考え方をアサーションといいます。

03 どの表現がよいと思いますか？

友だちが1週間という約束で貸した本を2週間後に返してきました。
Aくん、Bさん、Cくんの自己表現の特徴を考えてみましょう。

Aくん
① この前借りた本、返すよ！
② ずいぶんおそかったじゃないか。1週間という約束だぞ！
③ ごめん。でも返したからいいだろう！
④ 約束をやぶるなんて許せない。もう絶対貸さないからな！

Bさん
① この前借りた本、返すよ！
② ありがとう。でも……。
③ なにかあった？
④ いや、いいの。返してくれたから。

Cくん
① この前借りた本、返すよ！
② ありがとう。でもおそかったね。なにかあったの？
③ この本、本当におもしろかったんだ。だから兄に話したらぜひ読みたいっていうんだ。だから兄が読み終わるまで借りていたんだよ。おそくなってごめん。
④ そうだったの。1週間も過ぎたからどうなったのか心配していたんだ。こんどからは訳を話してくれよな。お兄さんにも気に入ってもらえてうれしいよ。

3つの表現を分析してみよう

Aくんは、友だちが約束を破ったことに腹を立てています。それを相手にいうことしか考えていません。相手はどんな気持ちなのか気にしません。自分のことを中心に主張する「自己肯定／他者否定」のスタンスです。
このような表現のタイプを「攻撃的な自己表現」といいます。

Bさんは、本当はもっといいたいことがあるのに、相手のことを気にしていいたいことをがまんしています。
いいたいことが主張できない「自己否定・他者肯定」のスタンスです。
このような表現のタイプを「非主張的な自己表現」といいます。

Cくんは、お礼をいってから、なぜ遅れたのか相手に訳を聞き、それから自分の気持ちを相手に伝えています。
相手のことも気にしながら自分の気持ちをきちんと伝える「自己肯定・他者肯定」のスタンスです。
このような表現のタイプを「アサーティブな自己表現」といいます。

アドバイス

話し方には、❶攻撃的な自己表現、❷非主張的な自己表現、❸アサーティブな自己表現があります。

❶攻撃的（aggressive）な自己表現（過剰な自己表現）

自分を大切にするけれども相手を大切にしない自己表現を「攻撃的な自己表現」といいます。これは、自分の意見や考え、気持ちははっきりいい、自分の権利のための自己主張をします。攻撃的な自己表現は、相手の意見や気持ちは無視したり軽視したりするため、結果として相手に自分を押しつけてしまいます。相手の気持ちや欲求を無視して自分勝手な行動をとったり、巧妙に自分の欲求を相手に押しつけたり、相手を操作して自分の思い通りに動かそうとするのが特徴です。

❷非主張的（non-assertive）な自己表現（不十分な自己表現）

相手を大切にするけれども自分を大切にしない自己表現を「非主張的な自己表現」といいます。これでは、自分の気持ちや考え、信念を表現しなかったり、し損なったりします。あいまいにいう、いい訳がましくいう、遠回しにいう、小さな声でいうのが特徴です。相手に率直でないばかりではなく、自分に対しても不正直ですから自分で自分をないがしろにしていることになります。

❸アサーティブな自己表現（適切な自己表現）

自分も相手も大切にした自己表現を「アサーティブな自己表現」といいます。これは、自分の気持ちや考え、信念を率直に正直にその場にあった適切な方法で表現するので「適切な自己表現」ということもあります。アサーティブな自己表現は、相互尊重と相互理解の精神に基づいているのが特徴です。だれでも自分の気持ちを受け入れてくれるとは限りませんが、お互いの意見や気持ちの相違による葛藤が起こることを覚悟し、葛藤が起きてもそれを引き受ける気持ちがあるからこそできる表現です。

04 アサーション・トレーニング
ふだんのあなたはどうですか？

次の5つの場面に出会ったとき、あなたはどうしますか。あなたがとる一番近い行動を、ⓐ ⓑ ⓒ の中から、ひとつ選んで○をつけましょう。

場面❶

友だちに貸した本が、汚れて返ってきました。あなたはとてもいやな気持ちになりました。

ⓐ「なんで汚すの!?　べんしょうしてよ！」とはっきりいう。
ⓑ 汚れは気になるけれど、なにもいわないでがまんする。
ⓒ「汚れているけど、どうしたの？」と訳を聞く。

場面❷

学校帰りに急に友だちに「今日あそぼうよ」とさそわれました。あなたは、今日は体調がよくないのであそびたくありませんが、くり返しさそわれました。

ⓐ「今日はぜったいイヤ！」とはっきりことわる。
ⓑ あそびたくないけれど、相手の気持ちを気にして「うん、いいよ」とOKする。
ⓒ「今日はあそぶ気分じゃないから、ごめんね」と理由をいってことわる。

場面❸

友だちが、「○○さんってひどい人だね！　そう思うでしょ？」とあなたに聞いてきました。あなたは、そう思っていません。

ⓐ そう思わないので、「ぜんぜん！」と、はっきりいう。
ⓑ そう思わないけれど、「うん、そうだね」と、友だちに話をあわせる。
ⓒ そう思わないので、「そうかな？　どうして？」と、理由を聞く。

場面❹

先生に、係の仕事をたのまれましたが、やり方がよくわかりません。

ⓐ やり方がわからないので「むりです！」とはっきりいう。
ⓑ なにもいえないか、先生からいわれたのだからと思い、「はい」といってひきうける。
ⓒ「よくわからないから、教えてください」と先生に説明をお願いする。

場面❺

グループで調べ学習をしています。その中のひとりの子が、参加しないで勝手にあそんでいます。あなたは、「協力してやってほしいな」と思っています。

❶ 「どうして、ちゃんとやらないの!?」と、強い口調で文句をいって、ちゃんとやるようにいう。
❷ ちゃんとやってほしいけれど、なにもいえない。ほかの人がいってくれるのをまっている。
❸ 「協力してやる学習だから、○○を分担してくれる?」と説明して、友だちに協力してほしいことをいう。

あなたの答え解説

❶(　　)❷(　　)❸(　　)❹(　　)❺(　　)
＊ⓐⓑⓒのどれが一番多かったですか？　多かった記号のところを読んでください。2つの記号に同じ数の○をつけた人は、両方の説明を読んでください。

ⓐの答えが多かった人

　自分のいいたいことを、はっきりということができています。ただし、相手のことを大切にするいい方が少ないようです。知らないうちに、相手をこわがらせたり、きずつけたりしやすいいい方でもあります。自分の気持ちや考えを伝えることができるのは、いいことですが、さらに、相手のことも大切にした、「アサーション」でする話し方を練習すると、お互いを大切にしたコミュニケーションができるでしょう。

ⓑの答えが多かった人

　自分の気持ちや考えを、あまり伝えることをしていないようです。はずかしかったり、「こんなこといったら、相手はイヤかな?」という気持ちがあるのかもしれません。相手のことを考えるのは大切ですが、あなたの気持ちや考えは、伝わらないままになってしまいます。自分のことも伝えながら、相手のことも大切にした「アサーション」でする話し方を練習してみましょう。

ⓒの答えが多かった人

　自分のことも、相手のことも大切にした、「アサーション」でする話し方ができているようです。このいい方ができると、自分の気持ちや考えをいうことができ、相手もイヤな気分になることが少ないので、お互いにとって満足なコミュニケーションが、できやすくなります。さらにこの本を読んで、じょうずないい方をレベルアップさせましょう。

★第1章★

05 自分が好きですか？

　あなたは、自分の長所をいくついうことができますか？　自分の得意なこと、苦手なこと、好きなこと、きらいなこと、大切にしていること、自慢したいことなどをひとつずつあげてみましょう。それが今のあなた自身です。ありのままの自分を認め、自分をほめてあげてください。

　人はそれぞれできることやできないことがあり、さまざまな能力をもっています。どこのだれもあなたになりかわることはできません。あなたは、唯一無二（ただひとつ）の大切な存在なのです。

　自分のことを認め理解すると、自分の気持ちを伝えやすくなります。また、相手のこともよく理解できるようになります。

第1章　基礎編

自分のよさを見つける練習

❶ ノートに書き出してみよう

●自分のできることやよいところをできるだけたくさん書き出す。これまでの自分をふり返ってみる。

■ノートの例

> いつも友だちの話し相手になって、聞いてあげてるな。
> 目覚ましがなくても、決まった時刻に起きられる。
> 近所の人によくあいさつをするよ。
> 小さい子にもやさしくする。

❷ お互いのよさを伝え合ったり、ほめ合ったりしてみよう

●自分の思いもよらないよさに気づくことがある。
●お互いのよさに気づくと相手のことを悪く思ったり、自分に自信がもてないということもなる。

アドバイス

　自尊感情とは、自分自身を価値あるものとし、自分を愛し、自分を肯定的に評価したりすることを意味します。アサーションでは大切な考え方のひとつです。自尊感情が高まると、自己表現が増加することはよく知られています。
　自尊感情が低い子どもは、日常の些細な失敗や小さなストレスに直面すると、自分に対して否定的な感情をもちます。自己に対する否定的感情は自己評価を低めるという悪循環に陥りやすくなります。一方、自尊感情が高い子どもは、同様の経験に対して、自分を肯定的にとらえることができ、多少の失敗やストレスにも臆することなく肯定的感情の好循環を保持していきます。
　適切な自尊感情が高まれば、他者への肯定的な評価につながります。自尊感情は、アサーション＝自他尊重の自己表現を支える大きな柱です。

★第1章★

06 アサーション・トレーニング
自他尊重の心を育てる

マジックチェアー（ほめ言葉のプレゼント）

　その日の主役をひとり決め、クラスのみんなでほめ言葉をかけていきます。小学校低・中学年向けの自他尊重の心を育てるトレーニングです。

❶今日の主役にちゃんちゃんこを着せます。今日の主役は○○くんです。

- その子が主役の立場であることを意識できる、またはほかの子どもが主役の子を意識できるようにとの意図がある。
- ちゃんちゃんこのようなベストでも、紙で冠のようなものを作って頭にかぶせてもよい。また、椅子に布をかぶせ、王様の椅子という設定でもよい。

❷今日の「ほめる視点」を黒板に掲示します。

- あいさつ・校内マラソン・やさしい言葉・なわとび・友だち関係。
- 文字をていねいに書く。
- 学期によって、学校生活の活動がちがうので、実施する時期に合った「ほめる視点」を、子どもたちといっしょに考えることが大切である。

❸主役になった子どもがほめ言葉をかける子どもを指名します。指名された子は主役の子の後ろから肩に手を当てて、ほめ言葉を伝えます。

- スキンシップによる安心感がある。その子のよさをほかの友だちにＰＲするように伝えられるとよい。
- 発表を好まない子どもでも、○○くんのそばで話すので、心強く勇気がわいてくる。
- どうしてもいえない子どもには、無理強いをしない。

18

第1章 基礎編

❹先生が知らなかったことを教えてくれてありがとう。

- ふだんの生活の中で、子どもたちは、よく友だちの行動を見ていることがわかる。
- 担任が知らなかったことを教えてくれたことに感謝する。
- 担任が喜ぶ顔を見てますます張り切って、よいところを探そうとする。

❺主役の子どもが、最後に感想を話します。

- 「ぼくが気づいていなかったことをいってくれてうれしかったです」
- 「ぼくのいいところをいってくれてうれしかったです」
- 自分が一番目立つ所に立つ喜び、認められる喜びを味わうことができる。
- 主役になることで気持ちがわくわくする感じを味わうことができる。
- 気はずかしいけれどうれしい気持ちが表れる。
- 大切にされた、尊重されたという経験が他者への尊重につながっていく。

❻ほめ言葉のカードをプレゼントします。

- 言葉による賞賛も心に残るが、カードなどの文字による記録は、その記憶を補完する効果がある。
- 発表したことを、ひとりひとりがカードに書いてプレゼントする（クラスの人数分のプレゼントをもらうことができる）。
- よい内容を書いた子どものカードを読んでもよいか確認して、みんなに紹介する（クラスで共有する）。
- 文字がていねいであることなど、書いた子どもに対しても担任がほめ言葉をプレゼントする。
- ひとりひとりの子どもを大切にしていることを伝えたい。

アドバイス

- 友だちのよいところに目を向けさせることで、排除するなどの行動がなくなります。
- 担任の「みんな大切なクラスのメンバーだよ」という思いが伝わり、クラスが安全で安心できる場所となります。
- トラブルが起きたとき、自分たちで折り合いをつけて解決することができるようになります。
- ほめられた経験によって、他者のよいところを見つけようとする目が育ちます。
- 継続的に行うことが大切です。

07 感じたままを伝えていますか？

　Ａさんの家にＢさんとＣさんがきて、いっしょに人気グループのCDを聴きました。聴いた後、Ａさん、Ｂさん、Ｃさんはそれぞれつぎのような感想をいいました。あなたは、それぞれのいい方をどう思いますか？

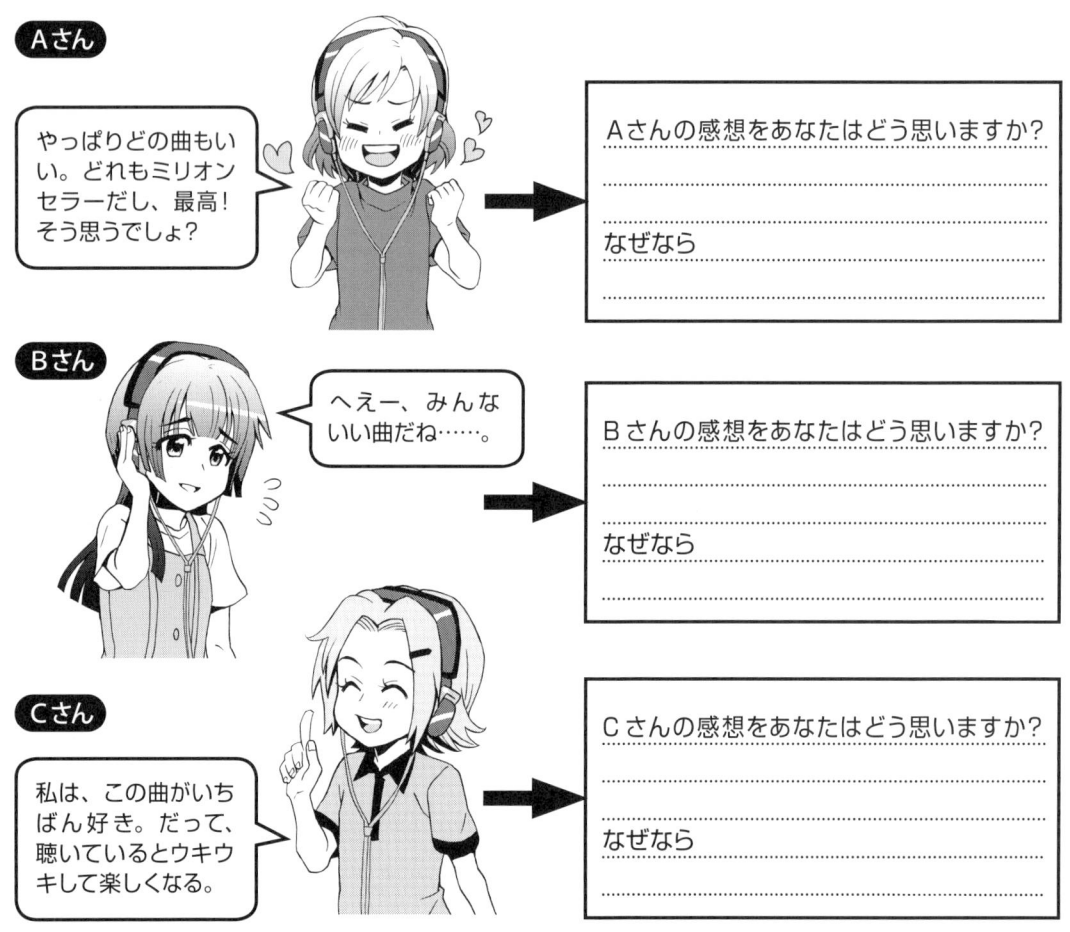

Aさん
やっぱりどの曲もいい。どれもミリオンセラーだし、最高！そう思うでしょ？

Aさんの感想をあなたはどう思いますか？
....
....
なぜなら
....
....

Bさん
へえー、みんないい曲だね……。

Bさんの感想をあなたはどう思いますか？
....
....
なぜなら
....
....

Cさん
私は、この曲がいちばん好き。だって、聴いているとウキウキして楽しくなる。

Cさんの感想をあなたはどう思いますか？
....
....
なぜなら
....
....

　思ったことや感じたことを伝えると相手に悪いな、失礼になるかもしれないと思って遠慮していることはありませんか？　自分の気持ちは自分のものです。否定的な意見でもあなたの気持ちを感じたまま伝えましょう。ふだんのあなたは、だれに近いですか。

第1章 基礎編

アイ・メッセージ（I message）で伝えよう

　Aさん、Bさん、Cさんはそれぞれつぎのように思っていました。アイ・メッセージでいいかえてみましょう。

Aさん

Aさんは、話題の人気グループの曲なので「最高だ」という気持ちを伝えています。自分が「最高」だと思っているのだから、ほかの人も同じように感じていると思いこんでいます。

→ 私は、この曲が最高にいいと思ってるの。みんなはどう思う？

Bさん

Bさんは、このグループとはちがうジャンルの音楽が好きでよく聴いています。せっかくみんなで聴いているので、とりあえずみんなにあわせようという気持ちがあります。

→ 私は○△の曲が好きなんだ。でも、みんなといっしょに聴くと音楽の話ができて楽しい。

Cさん

Cさんは、曲を聴いて感じたことや考えたことを自分の言葉で正直に伝えています。また相手によくわかるように「なぜそうなのか」という理由もいっています。相手も同じように自分の気持ちをいいやすくなります。

→ 私は、この曲がいちばん好き。だって、聴いているとウキウキして楽しくなる。

アドバイス

　自分の考えをきちんと伝えるためには、「私は○○○」というアイ（I）・メッセージを使うとよいでしょう。自分は価値のある大切な存在であり、長所や短所もあるけれど、そのままの自分を自分で認める気持ちがあれば、自然とアイ・メッセージで伝えられるはずです。また同時に、相手にも同じような感覚や気持ちがあるのだということを理解してもらいましょう。そうすれば、自分も相手も大切にしようという相互尊重の考え方が生まれます。自分の気持ちを正直に話せば、きっとわかってくれるだろうという気持ちは、相手に対する信頼感がなければ生まれません。相手は自分のことをよく理解しているし、自分も相手をよく理解しているという相互理解や相互信頼がアサーティブな表現を支えます。

08 自分の気持ちを知っていますか?

仲よしグループなのに、あなただけあそびにさそわれなかったことがわかったら、あなたはどうしますか?

- 自分だけのけ者にするなんて信じられない!
- ゆるせない!
- 二度と口をきかない!
- 絶交する!
- 仕返ししてやる!

「自分だけのけ者にするなんて信じられない!」「絶交してやる!」などと、ものすごく頭にきてひどく攻撃的な気持ちになるかもしれません。

そんなときは、ひと呼吸おいて、「なんにそんなに腹を立てているの?」「本当はどうしてほしかったの?」などと、そっと自分の心と相談してみてください。

たぶん、「自分だけ呼ばれなくて、さびしかった」「自分もさそってほしかった」といった気持ちが心の奥にあったのではと思います。

もしそうならば、相手に「絶交だ!」などとはげしくいうかわりに、「今回、誘われなくてさびしかった。本当はいっしょに行きたかったよ」などということができるといいですね。

自分の心の一番の理解者は、あなた自身であるように、ふだんから「自分はなにを感じているのかな?」「本当にいいたい気持ちはなんだろう?」と自分の心に問いかけてみましょう。

自分の心と相談することは、「自分の心を自分で大切にする」こと

❶ 自分の心にむかって、そっと声をかけてみよう

● 「うざい」とか「むかつく」といったような言葉ばかり使って、ふだんから自分の心を理解する練習をしていないと自分の心をキャッチする感度がにぶくなってしまう。

① 私、なにがいやだったのかな。

❷ 自分の心がすぐにわからなくてもあせらない

● 頭にきたときは、いろいろな気持ちがまざりあっていてわからないことがよくある。
● だれかに対して頭にきたとき、「もっと自分をわかってほしい」「大切にしてほしい」と願う気持ちであることが多い。それが満たされないようなときに、私たちは「頭にきた!」「ゆるせない!」などと感じたりする。

② あわてない あわてない。

❸ いいたいことがあったら、相手に伝えよう

❹ お願いしたいことがあったら、わかりやすく伝えよう

③ さそってもらえなくて本当にさびしかった。

④ 今度はさそってね。

● いいたくなければ、いわなくてもかまわない。大事なことは、相手にうまくいえるかということではなくて、自分の心と自分が相談できるかどうか。

アドバイス

　「自分の心と相談する」ことを通じて、子どもは内省ができるようになったり、衝動をコントロールしたりもできるように成長していきます。
　「頭にきた」という子どもの状態に対し、大人は往々に、あわてていい含めようとしたり、叱責したりしがちですが、そういったかかわりからは、子どもの「自分の心と相談する」習慣は生まれません。「君はどんな気持ちでいるの?」「ゆっくりでいいから、なにが一番いやか聞かせて」など、子どもが自分の心に照準を合わせられるような言葉かけをしてください。そして、必ず子どもの答えを「待つ」という姿勢を保持してほしいと思います。
　これは、大人にとっても「言うは易し、行うは難し」のことでしょう。とくに怒りのような否定的な感情に耳を傾け、「自分はなにに不満を感じているのか」「自分の本心はどんなものなのだろう」などと把握するのは、決して簡単なことではないからです。自分自身のためにも、大人も子どもといっしょに気長に練習をしていってください。

09 アサーション権を知っていますか？

> 私たち子どもは、自分の意見を形成する能力に応じて、自分に影響を及ぼす事柄に自由に自己の意見を表明する権利が認められています。
> 「子どもの権利条約」（第12条）

　「子どもの権利条約」は、国連総会で1989年11月20日、採択された国際条約です。①生きる権利、②育つ権利、③守られる権利、④参加する権利の4つの子どもの権利を守るように定めています。

　すべての子どもは、人種・性別・言語・宗教・政治的意見・社会的出身・出生などにかかわらずいかなる差別もなく、だれからも尊重され、保護されなければならないとしています。第12条には、「自分の意見をもつことのできる子どもは、自分に関係のあるすべての事柄に自由に意見を表明する権利」（意見表明権）が認められています。アサーションにも同じような考え方があります。

みんながアサーション権をもっている

私たちはだれもが、他人の期待に応えるかどうかなど、自分の行動を決め、それを表現し、その結果に責任をもつ権利がある。

私たちには、自己主張をしない権利もある。

私たちは、だれからも尊重され、大切にしてもらう権利がある。

私たちには、支払いに見合ったものを得る権利がある。

私たちは、だれでも過ちをし、それに責任をもつ権利がある。

ときにはKYでもいいんだ。

（『アサーション・トレーニング』日本・精神技術研究所、平木典子、1993年より）

アドバイス

　アサーションでは、「自己表現していい権利」とともに、自分も相手も大切にする相互信頼の関係を大切にします。（I am OK. You are OK.）自分がアサーションで自己表現すれば、相手も必ず望ましい反応を返してくれると思うのは誤解です。アサーションにおける相互信頼は、「私は私なりに自分の気持ちや考えを伝えるので、あなたもどうぞそうしてください。あなたから受け取る表現は私なりに大切に受け止めてやりとりを重ねてお互いの一致点を見出していきましょう」という姿勢から生み出されます。

　自己表現が苦手な人に、「もっと自分を表現したら」「いやなことはいやとはっきりいえばいい」などと伝えてしまうと、それがプレッシャーとなって、自己表現を妨げる逆の結果になることもあります。

　アサーションでは、伝えることが強調されがちですが、相手の伝えたいことを理解して聞こうとする姿勢が必要なのです。お互いのコミュニケーションを大切にしようとする相互信頼から、アサーションはみんなのものになってきます。

★第2章★

10 人に話しかけたいとき

　友だちが楽しそうに会話をしています。会話に入りたいけど、「なんていえばいいのだろう」「断られたらどうしよう」などと気おくれして、話しかけられないで終わってしまうことがありませんか？

　でも、そこにいっしょに入りたいと思っただけでもすばらしいこと。なかなか話しかけられなくても、人とかかわろうとするその気持ちが大切です。

　会話に入りたいときは、まず「自分も入りたい」「興味をもっている」という気持ちを表すために近くに行き、話をうなづきながら聞くなど態度で示しましょう。その後、「いっしょに話していい？」などと、自分の気持ちに見合った言葉を伝えます。今のあなたには自分の気持ちを自分で伝える力があるはずです。そして、その力を育てているとちゅうでもあります。くり返し練習をして自信をもって話しかけましょう。

会話にじょうずに入る練習

❶ 話したいことを言葉と態度で示そう

- 相手にしっかり聞こえるところまで近づき、相づちを打ったり、いっしょに会話に入りたい気持ちを態度で表す。
- 会話が途切れたり、ひとつの話題が終わって間ができたときに、「いっしょに話していい?」とわかりやすくはっきりいおう。
- 「いいよ」と返事をしてくれたら、「ありがとう」と伝えよう。

① いっしょに話していい?

② がんばれ。きっとうまくいく。

③ 楽しかった。また話したいな。

❷ はずかしくて話しかけられなかったら

- 心の中で「がんばれ」「きっとうまくいく」と自分をはげましてみよう。
- 深呼吸をして、おちつこう。おちついたら、心の中で練習したことを声に出して練習してみよう。
- 一番近くの人か、話しかけやすい友だちの肩などをトントンとして、「入ってもいい?」と話しかけてみよう。
- 話しかけてみようと思う気持ちがあれば大丈夫。くり返すうちに必ずなれていくから、くり返し練習しよう。

❸ 会話を終えるとき

- 「楽しかった」「また話したいな」と、相手に伝えたいと思ったらその気持ちを伝えよう。
- 言葉で伝えなくてもあなたの表情や様子から相手に自然に伝わるかもしれない。

❹ 断られたら

- 落ちこまなくて大丈夫。人にはみな「イエス」も「ノー」もいう自由がある。
- 話かけることができた自分をほめてあげよう。また話したいと思う機会がきたら再チャレンジしよう。

アドバイス

　小学校高学年くらいの子どもでも、自分を「社交的でないので話が苦手」「口下手だから友だちの話に入れない」などと決めつけ、自己評価を低くしている子どももいます。
　①生まれついたときから会話の得意な人はいない、②得意そうに見える人はこれまでの練習や積み重ねがあってのこと、また、③自分が話したくないのに無理して会話にはいらないといけないとか、会話にはいったら面白いことをいわないとダメなどと思いこむ必要はない、そして、④「人に話しかけたい」「会話にはいりたい」という、自分の素朴な思いを素直に表してみてほしいこと、を伝えてください。

11 人の話を聞いてあげよう

　いつも元気で明るい友だちが、あいさつもかえしてくれず、ふさぎこんでいます。こんなとき、あなたはどうしますか？

- 声をかけても無視されたらどうしよう。
- 勇気を出して声をかけてみよう。
- でも、どんなふうに声をかけてあげればいいのだろう。
- ああ、どうしようどうしたらいい？

どうしたのかなあ。

ゆーうつだなー。

　家でなにかあったのかな。私に原因があるのかな。いろいろ考えているうちに不安になり、しりごみしたことはありませんか。もしかしたら、友だちはあなたが声をかけてくれるのを待っているのかもしれません。勇気を出して声をかけてみましょう。

　人の話を聞きたいということは、それだけでその人を大切に思っているということです。話を聞きながら心の中では、どうしたらよいのだろう、自分になにができるのだろうと考えているでしょう。

　相手の気持ちや考えがわかれば、自分にできることもわかってくるはずです。相手の話から伝わってくるイメージと、受け止めるあなたのイメージがぴったり合えばすてきなことです。そのために、相手の表情を見ながら聞き、わからないことは質問をしながら相手の気持ちを理解していきましょう。

第2章　実践編

じょうずに話を聞く方法

❶ おちついてやさしい笑顔で、うなずきながら聞こう

●お弁当の時間やそうじ中などいっしょの活動をしながら聞く。安心できる雰囲気をつくろう。

❷ 相手の気持ちを受けとめよう

●話を聞きながら「そうだったんだ」「つらかったね」などといってあげよう。

①　もしよかったら話を聞かせてくれるかな？

②　そうだったんだ。つらかったね。話してくれてありがとう。

❸ 友だちが自分で「こうしよう」と気づくまで待とう

●「こうすればいい」など、結論を急いだり、批判的なことはいわない。

悪い例

考え過ぎじゃない。相手はなんとも思っていないよ。くよくよするのはあなたの悪いくせだね。

❹ むりに話をさせないように

●友だちは話そうかどうしようか、心の中ですごく迷っているのかもしれない。
●まずは、「むりに話さなくていいよ。ただ心配しているよ」という自分の気持ちを伝えるだけでもよい。
●話題を変えてみるのもよい。心が打ち解ければ自然に話してみようかなあという気持ちが起きてくるかもしれない。

アドバイス

　悩んでいる人は、じつは、なにに悩み、なにで落ちこんでいるのか、自分でもよくわからないことがあります。聞き手となる人は、相手が気持ちや考えを表現したい、わかってほしいという願いをもっているかどうか見てあげることが大切です。
　そして話を聞くときは、自分の価値観でよい・悪いを決めつけたり、思いこみで気持ちを受け止めたりしないように気をつけます。ただし、話を聞くときには、相手はもしかしたら今こんな気持ちかなと推測しながら聞くことも必要になります。そのためにも、日頃から自分自身の気持ちを理解する練習をするとよいでしょう。大人は、子どもの感情を押さえつけたりせず、丸ごと共感的に受け止めてよい聞き手となることで、子どもの話す力も育っていきます。

第2章

12 アサーション・トレーニング
話の聞き方を練習する

　文化祭の実行委員になったあなたは、クラスの意見がまとまらず悩んでいます。相談した相手がAくん、Bさん、Cくんだったらどのような気持ちになりますか？　また、あなたは、いつもどのタイプに近い聞き方をしていますか？

Aくん

「いっそのこと文化祭やめちゃうか？」

話をしはじめるとからかったり、あげ足をとったり、なにか別のことをしていたり、話を最後まで聞いていません。

→ あなたの気持ち
　　なぜなら

Bさん

「……。」

話を聞いているのですが、とくにうなずいたり、質問したりすることはありません。

→ あなたの気持ち
　　なぜなら

Cくん

「うん、うん」

話し手の顔を見て、うなずいたり、あいづちをうったり、質問したりしてきます。ときには、自分の意見や考えをいってくれることもあります。

→ あなたの気持ち
　　なぜなら

じょうずに話を聞く練習

3人組になり、ひとりが話し手役、もうひとりがAくん役、もうひとりが観察役になってロールプレイしてみましょう。2分たったら交代します。最後に、お互いに感じたことや気づいたことを話し合いましょう。

Aくん役をして	話し役	観察役
Bさん役をして	話し役	観察役
Cくん役をして	話し役	観察役

どの聞き方がいいと感じましたか。（　　　　　）さん
なぜなら、（　　　　　　　　　　　　　　　　　　　　　　　　）です。

アドバイス

だれもが自分の話をきちんと聞いてくれたときはうれしいものです。真剣に聞いてくれたときはいっそううれしくなり、相手に対する信頼感が生まれます。

自分の話をきちんと聞いてほしい場合には、「大切なことを話しますから真剣に聞いてください」「私の話をまじめに聞いてください」などと前置きして、話を真剣に聞いてほしいという気持ちをまず伝えましょう。つぎに、自分が相手に伝えたいことをわかりやすくいいましょう。そして、最後に「私の話をきちんと聞いてくれてありがとう」の一言を添えましょう。

相手の話を真剣に聞くことは、「相手を大切にしている」「相手の存在を認めている」「相手からの情報に期待をしている」など、聞き手側の気持ちや考えが話し手に伝わります。自分が聞いて気がついたことを相手に返せばお互いの気持ちがいっそう通じ合うようになります。

13 自分の意見を主張していいんだよ

　自分の意見があるにもかかわらず、先生や親に、「あなたの考えは○○だね」と一方的に決めつけられてしまったらどうしますか？

　自分のいいたい気持ちをがまんしていませんか？　自分の気持ちを無視し続けていると、自分の心が苦しくなったり、自分のことがいやになったりしてしまいます。ほんの些細なことでも、自分の気持ちを表現できないとストレスをためてしまい、人間関係をこわすことにもなりかねません。

　あなたは、自分の気持ちや意見を主張する権利をもっています。反対に、自分の考えを主張しないこともできます。だれもあなたの意見を主張することを止めることはできないし、むりやり発言させる権利もありません。

　自分の意見を一方的に決めつけられてしまったときには、それを訂正する勇気をもちたいものです。

　最初は緊張してドキドキしたり、顔が赤くなったりするかもしれません。そんなときは深呼吸をしてから、話をはじめましょう。あなたのいいたいことをじょうずにいえる練習してみましょう。

第 2 章　実践編

「私は（ぼくは）……」をじょうずにいう方法

① おちついて、ゆっくり、はっきり話そう

● 「私（ぼく）の考えは○○です。△△ではありません」と最初に結論をいおう。おちついて、ゆっくり、はっきり話そう。

① ぼくはルールが守れればマンガは持って行っていいという考えです。もってきてはダメという考えではありません。

③ わかりにくいかもしれませんがぼくの考えを最後まで聞いてください。

② あなたがそう考えた理由をわかりやすくいおう

② 理由は、本がよくてマンガがダメという理由がわからないのと、長い移動中、みんながしずかに過ごせると思ったからです。

③ もし相手にお願いしたいことがあったら

● なにをどうしてほしいかわかりやすく伝えよう。

なるほどAくんの考えはよくわかったわ。

悪い例

● 話すことをあきらめる。

ひどいな……。もう話してもわかってくれない。

④ 相手が聞いてくれたら「ありがとう」と伝えよう

● もし相手があなたの考えを理解してくれなかったとしても、あなたの意見を聞いてくれたことに対して、「ありがとう」といおう。
● 理解してもらえないからといって、相手をせめたり、怒ったりしない。
● 自分の考えを話すことができた自分をほめよう。

アドバイス

　人とよりよくつき合うためには、自分のことを相手にきちんと知らせようとする覚悟が必要です。主張しなければ、自分の考えは伝わらないし、わかってもらえないのです。お互いを大切にしながら自分の気持ちを率直に、素直に表現します。
　自分の意見がなかなかいえない子どもには、相手にいいたい意見はどんなことかを聞いてあげてください。そして、子どもの考えや思いを、どのような順番にいったらよいのか整理してあげてほしいと思います。その際、相手を責めるいい方ではなく「私は（ぼくは）……」ではじまるいい方をアドバイスしてあげてください。

33

★第2章★

14 アサーション・トレーニング
自分の考えを整理する

　自分でなにを考えているのかわからなくなったり、考えがまとまらなくなったりしたことはありませんか？

　Ａくんはお楽しみ会の係になりました。今度の学級会でお楽しみ会の出し物についてＡくんが提案することになっています。でも、アイディアがまとまりません。

　そこで、Ａくんは先生に相談しました。先生から３つのアドバイスがありました。

①ねらいを決めよう

1　先生、お楽しみ会の出し物が思い浮かばないのです。やりたいことはたくさんあるのですが……。

2　Ａくん、ねらいを決めると出し物が見えてきますよ。

3　Ａくん、お楽しみ会をしてあなたはこのクラスがどのように変わればよいと思っているのですか？

4　そうか！　そんなこと考えたこともなかった。

5　はい。協力し合うクラスになればいいと思います。

6　そうですね。そうするとみんなが協力すると楽しめるようなものがいいですね。

②「したい」ことと「できる」ことを分けよう

1 そうか、それならしたいことがたくさんあるよ。野球、バスケット、ドッジボール……。

2 Aくん、したいこととできることを分けて考えよう。男女でできること、人数のこと、時間のこと、ルールのこと……。

3 男女がいっしょにできて、ルールがかんたんで、短い時間でも楽しめるものは……。そうか、ドッジボールだ！

③やり方を決めよう

1 クラスの人数は32人だから8人ずつ4チームにしてリーグ戦にすればいい。今度の学級会でチーム分けとルールについて話し合ってもらおう。

2 Aくん、具体的なやり方を提案すると話し合いがすすむよ。

自分の気持ちや考え方を整理したいときは、いくつかの見方や考え方をしてみます。たとえば、「天気に関係なくできる」「全員が役割をもつ」など、条件を変えていろいろ考えましょう。

アドバイス

　考え方の整理がつかないときは、異なる見方や多面的な見方をすれば解決の糸口がつかめます。また、考える視点を定めれば、考え方の方向性が見えてきます。そうすれば気持ちが変わりゆとりが生まれます。
　現実・原則にそった考え方をすれば、思考が自由になり、行動が変わります。そうすれば表現が自由になり、イメージをふくらませ、今まで気がつかなかったことが理解でき、自分の考えをまとめることができるようになります。
　右の図は「若い女性と老婆」の図です。見方を変えることによって若い女性の横顔に見えたり、老婆の顔に見えたりします。

15 人にお願いをするとき

　自分がだれかになにかをお願いをするとき、あなたはじょうずにそのお願いを伝えていますか？

　お願いをしたい相手が親とか兄弟姉妹だったり、仲よしの友だちだったりすると、かえって親しいだけにじょうずにお願いをするのはむずかしいかもしれません。なぜなら、親しい相手には、「いちいち言葉にしていわなくても、相手はわかってくれて当然だ」「やってくれてあたり前でしょ」と決めつけたりしやすいからです。

　また、相手がこちらの期待に見合った反応を返してくれないと、すぐに頭にきたり、投げやりな気持ちになってしまいがちです。

　親しい相手に対して、自分のお願いに「ＯＫ」の返事してほしいと願うのは素直な気持ちです。でも、どんな相手であっても、お願いをするときのいい方には気をつけて、じょうずにお願いを伝えましょう。

お願いを伝える練習

① なにをお願いしたいか、わかりやすくいおう

- 小声でもぞもぞ話すと、なにをしてもらいたいのか伝わりにくい。
- 「やってくれて当然!」「早くやれ!」といばったり、ケンカを売ったりするような態度はとらない。

> ① おこづかいあげてくれない?

> ③ 今すぐはダメかな? 来年からならOKかな?

② お願いしたい理由をいおう

- なぜ上げてほしいのか、今のおこづかいではどんなふうに足りないのか、増えた分をどう使うのかなど、具体的に話す。
- 「ほかの子はみんな、もっと多くもらっているから」といったあいまいないい方や、「おこづかいを上げてくれないと勉強しない」といったような、相手をおどすようないい方はしない。
- 相手がすぐに話に応じてくれないときは「いつだったら、話せるか?」とたずねよう。

> ② ノートを買うと、ほかになにも買えなくなってしまうんだ。本も買いたいんだ。

③ 相手の反応が期待はずれでも怒らない

- ひと呼吸おいて、相手が自分の話を聞いてくれたことに「ありがとう」という。
- 「自分のお願いのどこかを変えたら、相手が受け止めてくれるようになるか」と考えてみよう。
- 怒らずおちついて考えることができたなら、自分で自分をほめよう。

④ お願いに応じてもらえたら「ありがとう」と伝えよう

- 「相手がなにも聞いてくれない」と落ちこんだり、「聞いてくれないなんて、ひどい!」などと怒るとお願いができなくなる。また、その人間関係も悪化してしまうかもしれない。
- お願いを聞き入れてくれたら「ありがとう」といおう。

アドバイス

私たちはだれでも、相手になにかをお願いしたいとき、それを相手が引き受けるか否かはともかく、それを伝えてよいのです。でもお願いをいえないまま、無力感やイライラ感などを募らせたり、はじめから「当然、相手がこちらの要求をのむべきだ」という姿勢をとって威圧的になったりもしがちです。

相手にお願いをすることは、日常よくあることですが、なかなかむずかしいことです。

ふだんから、①アサーションでお願いを互いに伝え合い、②「イエス」「ノー」を自由にいい、③さらに、コミュニケーションを通じて折り合いをつけられ協力的な人間関係を子どもたちと実現しているか、ふりかえってください。

16 ものの貸し借り

　あなたが忘れものをしたとき、友だちにものを借りたり、反対に、友だちが忘れものをしたとき、あなたのものを貸したりすることは、よくあることです。そんなとき、あなたはどうしていますか？

> あっ、どうしよう、家に忘れてきちゃった。
>
> 困ったな、どうしたらいいんだろう。
>
> 「はさみを貸してほしい」っていいたいけど……。
>
> どういったら、貸してもらえるかな……。

　よく知っている友だちに、「これ、いい？」といって、相手の返事も待たないで勝手にものを借りたり、だまって借りてしまったりしたことはありませんか？　親しい友だちだからといって、だまって借りてしまったら、その友だちはどんな気持ちになるでしょうか？

　気持ちよく貸したり借りたりできる人間関係をきずくためには、自分の気持ちも相手の気持ちも大切にした、気持ちのよいいい方をすることが大切です。

　人になにかをお願いするときは、①なにをお願いしたいか具体的にいう、②お願いしたい理由をいう、③お願いを聞いてくれたあと「ありがとう」とお礼をいう、この３つのことが大切です。

　ことわられたときには、貸してもらえない理由を聞いたり、もう一度お願いするか、ほかの友だちに貸してほしいとお願いします。

「貸して」をじょうずにいう練習

❶「貸してほしいもの」をいおう

● 「はさみを貸してほしい」「コンパスを貸して」など「貸してほしいもの」を具体的にいう。

① はさみを貸してほしいんだけどいい？

③ 使い終わってからでいいから、貸してくれない？

❷貸してほしい理由をいおう

② 家に忘れてきちゃったんだ。明日はもってくるから、今日だけ貸してほしい。

④ ありがとう、助かるよ。

❸すぐに貸してもらえないときはもう一度お願いしてみよう

● 怒らずもう一度お願いする。
● ほかの友だちにもあたってみよう。

悪い例
えっ？ なんで？ ちょっとだけなのに。友だちでしょ？ もういい。いっしょにあそばないよ。

❹相手が貸してくれたら「ありがとう」と伝えよう

● 貸してもらったものを返すときには、「貸してもらって助かったよ。ありがとう」「おかげで、時間内に終わることができたよ。ありがとう」など自分の気持ちを再度伝えよう。

アドバイス

　ものを貸したり借りたりすることは、日常的によくあることです。ものの貸し借りには、自分の気持ちに素直に伝えると同時に、相手の気持ちやいい分もよく聞き、相互の理解の上に成り立ったコミュニケーションが大切です。
　親しい友だちでも、はっきりとなにを、なぜ借りたいのか、貸してもらえたときはお礼をいうなど、きちんと子どもに伝えます。
　実際の貸し借りのときに、気持ちよく貸し借りができる練習をしてみてください。その練習が生かせたときには、具体的にどこがよかったのかを評価して、ほめてあげてください。きっと自信になると思います。

17 あやまれるってすばらしい

> なんで、ドンクサイとかいうんだ。点入れられたのはぼくだけのせいじゃないよ。

> きっと、怒っているだろうな……。
> ▼
> 傷つけてしまったかも。
> ▼
> あやまったほうがいいよな。
> ▼
> いい出しにくいなあ……。

　あなたの何気ない言葉や行動で、友だちをいやな気持ちにさせたり、悲しい気持ちにさせたり、あるいは、怒らせてしまって、けんかになることがあります。もしかしたら、あなたの言葉を誤解して、きらいになるかもしれません。

　どう考えても自分のほうが悪いと気づき、素直にあやまりたいと思ったとき、あなたはどうしますか？

　率直にあやまることは、とても勇気がいることです。あやまろうと思ったこと、あやまるという行動をとろうと思ったこと、それ自体がすばらしいことです。本当にあやまりたいと思うあなたの気持ちを正直に伝えれば、きっと相手にとどきます。

「ごめんなさい」を素直にいってみよう

❶「ごめんなさい」と心をこめていおう

● いいわけをしない。いいわけすると相手も反論したくなる。

❷ どうしたいのか、あなたの素直な気持ちをいおう

① 傷つけちゃってごめん。

② 仲なおりしたいと思ってるんだ。これからもいっしょにサッカーしたい。今までどおり話をしたいんだ。

ドンクサイとかいわないでほしいよ。

③ うん、わかった。もうドンクサイとかいわないよ。

④ 許してくれてありがとう。これからもよろしく。

❸ 相手の話にも耳を傾けて聞こう

● 相手のいいたいことがわかったら、「わかった」と伝えよう。

❹ 相手が許してくれたら、「ありがとう」と伝えよう

● 相手はすぐにあなたのことが許せないかもしれない。まずは自分の「ごめんなさい」という素直な気持ちを伝えるだけでもいい。
● その場で許してくれなくても、あなたの話を聞いてくれたことに対して「話を聞いてくれてありがとう」といおう。

アドバイス

　自分が相手を傷つけ怒らせてしまったとわかっていても、「自分から先にあやまるのは、はずかしい」と思ったり、意地をはっている場合があります。
　大人は、「あなたは、どんなことをあやまりたいのか」「あやまったあと、どうしたいのか」などと問いかけながら、あやまりたい内容を子どもがひとりで整理できるように聞いてあげてください。
　整理できたことを、「ひとり言」（セルフトーク）で何回も練習して、「だんだんじょうずにいえるようになったね」とはげましてください。勇気をもって、子どもが相手にあやまることができたとき、子どもは自分に自信をもつことができるようになります。

18 知っている言葉で話せばいいんだよ

きみはどんな選手になりたいんだ？

どんな？えーと……。スゴイ選手。

こんな答えじゃ、カッコ悪いかな……。

　自分の言葉や行動について、「これでいいのか」「もっとちがういい方がいいんじゃないか」などと考えることは、あなたが成長している証拠です。赤ちゃんには、自分の言動をふりかえることはできません。だから、自分の話し方に自信をもてないことは、それ自体、悪いことではありません。

　ただ、もしもあなたが「いつもかっこよく話せないとだめ」「（親・先生などに）いつもほめられるような話し方をしないといけない」などと考えていたら、話すことがつらくなってしまいます。話すことに不安や緊張を感じるようになり、「話したくない」「自分は話すのが苦手」と思ってしまうはずです。自分のいいたいことを話すことは、本当は楽しかったり、気持ちが楽になったりするはずなのですが、それではあまりに残念です。

　①自分が知っている言葉で、自分なりに伝えればいい、②なるべくわかりやすく伝えてみる、この２つを心がけてみてください。

知っている言葉で伝える練習

❶ いいたいことがいえているか考えてみよう

❷ 言葉がうかんでこなくてもあわてない
- 自分のいいたいことがわからなくなってもだいじょうぶ。
- 一度に全部、完全に伝えなくてもいい。

① メッシ選手のようにスゴイ選手です。

② メッシのどこがスゴイかというと……。
あっ、すみません。いいたいことがわからなくなってしまって……。少し待ってもらえますか?

④ スゴイ選手だけど、どういうとこがスゴイのかな? もっとカッコよくいえないかな……。

❸ 相手に「もっとちゃんと話して」といわれたら
- あわてないで話したいことをくり返す。
- ほかの機会に話してもいい。
- 「自分の話し方がへただからだ」などと決めつけない。
- 「メッシを知らないなんて!」と相手を攻撃するのもやめよう。

❹ 使える言葉をふやしていこう
- 大人の話を聞いたり、本やテレビで気に入った言葉を書きとめておく。
- だんだん自分の言葉になっていく。
- あなたの「言葉の宝箱」をつくろう。

不世出の天才 カリスマ 高い術力

アドバイス

　子どもが話をするとき、大人はわかろうと思いながら聞くこと、話に関心を寄せながらやりとりすることです。この体験を積み重ねた子どもは、「コミュニケーションは楽しい」「伝えたいことを自分で伝えられるのは気持ちよい」と、実感しながら成長するはずです。そのためには、子どもの話し方がうまくなくても、「今、きみが話せるところからでいいんだよ。知っている言葉を素朴に使って話すのでOK」と大らかに受け止める姿勢で聞いてください。そのうえで、子どものいい足りてないところは、「○○っていいたいのかな?」「△△と話すとわかりやすいから、今度使ってみるといいよ」などとアドバイスするとよいでしょう。「知っている言葉で伝えればいい」という素朴な話し方を、大人も大切にしてほしいと思います。

第2章 実践編

43

19 アサーション・トレーニング
話をくり返したり要約したりする

　友だちと話をしているとき、かんちがいされたり、話が通じなくなったりすることがあります。また、友だちの話を聞き間違えたり、聞きのがしたりすることがあります。話をきちんと聞くためにはどうしたらよいのでしょうか。相手が伝えたいことを聞きながらたしかめるにはどうしたらよいのでしょうか？

> **Q** ヒロシくんとタカシくんは仲のよい友だちです。下校するとき、ヒロシくんがタカシくんとあそびたいと思って声をかけました。その後、ふたりはけんかになりました。なぜでしょう。次のやりとりから考えましょう。

1　ヒロシ：今日、あそべる？

2　タカシ：あそべるよ！

3　ヒロシ：じゃ、3時に2丁目の公園にきてね。

4　タカシ：3時からじゃだめだ！　塾があるから……。

5　ヒロシ：さっきあそべるっていったじゃないか。タカシのうそつき！　もうおまえなんかとあそばないぞ！

6　タカシ：おまえこそ、勝手だ！

さて、ヒロシくんとタカシくんはどうすればよかったのでしょうか。

> **Q** 1週間たって、ふたりは仲なおりをしました。今度はどうでしょう。

1 ヒロシ：今日、あそべる？

2 タカシ：うん、あそべるかも。

3 ヒロシ：4時に2丁目の公園で野球をしようと思っているんだ。

4 タカシ：4時に2丁目の公園で野球だね。

5 タカシ：塾は3時から4時までだけど、公園は近くだからいいよ。4時を少しすぎるけれどいい？

6 ヒロシ：じゃ4時に公園の入り口で待ってるね。

7 タカシ：わかった。4時に公園の入り口だね。OK！

> 2人の会話から、なにか気がついたことはありませんか？

アドバイス

　コミュニケーションは、自分の話を相手にきちんと聞いてもらい、しかも正しく理解してもらうことが大切です。そのためお互いに伝わったかどうか、たしかめることが必要です。
　相手の話の内容をたしかめるために「くり返し」や「要約」という会話の技法があります。くり返しとは文字通り、話し手のいったことをそのままくり返すことです。要約は、話し手の内容の要点をとらえてキーワードや短い文でいい返すことです。
　これはカウンセリングの技法ですが、くり返しや要約したりすることによって、聞き手が話し手の内容を理解したということが伝わります。また、話し手は、聞き手がくり返したり、要約したりするのを聞きながら、自分の話したことについてあらためて気がついたり、ふと思い返したりすることがあります。このようにこの技法は、聞き手の理解に役立つばかりでなく、話し手の理解にも役立ちます。

20 聞き返してもいいんだよ

> ……パソコンをすぐにシャットダウンして、片づけるように。

> シャットダウンってなんだ？

> 説明してほしいけど、みんなは知っていそう。

> 自分だけ質問するのはずかしいな。

> みんなに笑われたり、バカにされたりするかも……。

　まわりの人はわかっているようなのに、自分だけわからないとき、「もう一度いってください」「説明してほしい」とお願いできるとよいのですが、なかなかいえないものです。「わからない自分がいけないのかな？」「わからない自分がはずかしい、情けない」などと思う人もいるでしょう。

　私たちはだれもみんな、得意・不得意があります。パソコンにくわしい人にはあたり前の言葉でも、パソコンにくわしくない人にとっては、耳慣れないむずかしい言葉です。

　わからなかったとき、そのままにしてしまうのでなく、「わかりたい」という気持ちをもとに「もう一度説明してほしい」などとお願いしてみましょう。

じょうずに聞き返す練習

❶ 「わからない」ことはいけない、と決めつけない

- だれでもわからないことはある。だから、「わからない」のがいけないわけでなく、むしろ、「わかりたい」と思う自分の気持ちこそが大切と考えよう。

❷ 自分のお願いをおちついて伝えよう

- わからないことを相手のせいにして、怒ったよういわない。→「**先生の説明が下手だからわからないよ！**」など。
- わからない自分がダメといい訳をしつこくいうようないい方も、話がややこしくなるし、聞いていて気持ちよくないのでやめよう。→「**自分がわからないからいけないんだけど……。こんなことをお願いして本当に悪いんだけど……**」など。
- 自分の求めていることをわかりやすく、おだやかに伝える。

② シャットダウンについて説明してください。

④ それは電源をおとすということですか？

❸ 相手が受けてくれたら、感謝の言葉を伝えよう

- 相手はとうぜん、あなたがわかっていると思って話したのかもしれない。
- 説明してくれたことに対して、感謝の気持ちを伝える。

❹ 相手が説明してくれてもわからなかったら

- もし、もう一度説明してもらってもわからなければ、「それって、○○ということですか？」などと、たしかめるとよい。
- その場でわからないことは「あとで調べてみます」「またあとで教えてもらってもいいですか？」などといってもよい。
- すぐにわからなくても、あなたがなにがわかり、なにがわかっていないかを整理するだけでも十分に意味がある。

アドバイス

　まわりの人がわかっているらしいことを自分がわからないとき、それについて尋ねたり、説明を求めたりするのは、大人にもけっこうむずかしいことです。相手の説明がまずいからだと相手を責める口調になったり、わからないことを過度に自己卑下したりしがちです。おだやかに「もう1回説明してください」とお願いすることを、大人も子どもといっしょに練習してみてください。
　それには、大人自身が「わからないことはいけないこと」という呪縛（じゅばく）から解放され、「いつもすぐにわからないといけない」という思いこみから脱却する必要もあります。

21 人とちがう意見を いっていいんだよ

友だちや家族とあなたの意見がちがうとき、どういいますか？

「A子って最低。わがままじゃない？」

- A子のことは好きだし、私はそう思わない。
- ちがう意見をいったらまずいかな。
- A子のいいところもいってみたいけど…
- でも話を合わせないとまずいかな。
- ああ、どうしよう、どうしたらいい？

　友だちや家族が自分の意見を支持してくれることは、うれしいし、自分の意見が認められたと、ちょっぴりほこらしく感じます。ですから、友だちにも自分の意見に同調を求めがちです。

　私たちはだれでも「人と意見がちがってもいい」「いつもだれかと意見が同じでなくてもいい」「人とちがう自分の意見をいいたいときは、その意見をいっていい」ことを、忘れないでください。

　もしあなたが「だれかと仲よくなるには、いつも意見が同じでないとだめ」とか「お母さんと意見がちょっとでもちがったら、たいへん」などと感じていたりしたら、それはけっこうストレスを感じます。自分はそう思っていないのに相手に合わせてばかりいると、気疲れしてしまい、自分の意見や気持ちが自分でもわからなくなったりすることがあります。そのうちに、仲よくしたいはずの相手なのに、その相手と話すことがいやになったりしてしまうかもしれません。

人とちがう意見をじょうずにいおう

❶ 相手の意見を聞こう
- あなたがわかったことを言葉で伝え返そう。
- 「ちがうでしょ！」「なに、いっているのよ！」などと相手とけんかしたり、相手をばかにしたりするのは、やめよう。

①　なるほど。A子が約束を守らなかったことがあったね。それでA子をわがままというのね。

③　私の意見を聞いてどう思う？

❷ 「でも」「だけど」などで話はじめるのはやめよう
- かわりに、「それで私の意見は」「ぼくの考えは少しちがうところがあって……」などと話しだすと、自分も相手もおだやかに会話をすすめやすくなる。

②　A子について私の考えはちょっとちがっていて、A子には、やさしいところもあると思うの。

❸ 自分の意見をどう思うか相手にたずねよう
- 相手がこちらの意見を少しも聞いてくれず、ずっと長く話しているときは、「私も話したいから、今度は聞いて」「（話の）とちゅうかもしれないけど、私も意見をいうので聞いてよ」などと、自分で声をあげよう。

❹ 自分の意見を変えてもいい
- 自分の意見を押し通すのがりっぱなのではなく、あなたがいろいろと考えたり、ちがう意見をいったりすることを通じて、相手と理解し合えることがいちばんだいじ。
- 「なるほど。A子は自分の意見をはっきりいうから、わがままに感じるかもしれない」と意見を変えてもいい。。

アドバイス

　意見のちがいを忌避するでもなく争うでもなく、お互いにコミュニケーションすることで、よりよい人間関係をきずいてもいけるということを子どもたちにしっかりと伝えましょう。
　子どもたちに「人と意見がちがっていいんだよ」と伝えていくときは、ちがう意見の伝え方をただ形式的・表面的に教えこむのではなく、「人間の多様性」や「お互いにちがいを尊重し合う」という、自他相互尊重の考えも合わせてわかりやすく伝えてください。それは、アサーションの真髄（エスプリ）のひとつです。子どもが大人に対してちがう意見を表現するときに、どんなふうに子どもに対応しているか、大人はぜひふり返ってみてください。

22 「いや」といっていいんだよ

　あなたが「そんなことをいわれるのはいや」と思うのは、とても自然なことです。いやなことをいわれたり、されたりしたときに「いや」と感じるのは、あなたのなかに、自分で自分を守ろうとする力があるからです。その力がきちんと働いている証拠です。

　私たちにはだれに対しても、いやなことには「いや」と主張してよい自由があります。いつもいっしょにいる家族や、仲のよい友だちに対しても、「いやなことはいや」と感じていいのです。「いやだと感じてはだめ……」などと、自分の気持ちに無理にふたをしていると、自分がとても苦しくなったり、しだいに自分の気持ちが自分でわからなくなってしまいます。

　「いや」といったら、友だちと気まずくなったり、家族からよけいに怒られたりしないか……などと心配かもしれません。でも、相手がだれでも「いや」と言葉で主張してもいいのです。

「いや」をじょうずにいう練習

❶ おちついて「いや」といおう

●相手とけんかをしたいわけではないのでおちついて伝えよう。

① チビって呼ばないでくれよ。

おどおどしない。逆ギレしない。

③ これからはチビと呼ばないで名前で呼んでよ。

❷ どうして「いや」なのか理由をいおう

●あなたの気持ちや意見をわかりやすくいおう。
●理由がはっきりいえない場合は、「いやなものはいやなんだ」とおちついて、しずかにいうだけでもよい。

② チビっていわれると、いやなんだ。自分だって背の低いことを気にしているんだ。バカにされている気がするからぼくはいやなんだよ。

❸ 相手にしてほしいことがあればいおう

●「ぼく（私）の話も、もっとちゃんと聞いて」など、なにをどうしてほしいかをわかりやすく話そう。

❹ 相手が話を聞いてくれたら「ありがとう」と伝えよう

●もし相手がその場で「わかった」といわなくても、あなたの話を聞いてくれたなら、そのことに対してお礼をいおう。
●相手がすぐに「わかった」といわないこともよくある。それでも、投げやりになったりキレたりしない。
●自分の「いや」という気持ちを伝えられたことだけでもいい。

アドバイス

　子どもの「いや」という気持ちとその主張を大切にすることは、子どものわがままを放任することとはちがいます。子どもが友だちとの間で「いや」をいえないと、伸びやかで対等な友だち関係ではなくなります。また、大人に対して安心して「いや」をいえない子どもがいたら、それは、大人への信頼感をその子が十二分にもてていないからかもしれません。
　「いや」をいえない子どもは、「聞き分けのよい子ども」なのではなく、「自由に本心を表現できない、しんどさやストレスをためやすい子ども」かもしれません。
　子どもが「いや」と主張するとき、大人はゆっくりと「あなたは、なにがいやなのか」「どうしてほしいと思っているの？」などと問いかけ、たしかめてあげてください。そのうえで、それはどう考えても子どものわがままだと思えるときは、そのことを子どもにわかりやすく伝えます。「いや」をなかなかいえない子どもに対しては、「いやっていっていいんだよ」「ちゃんと聞くよ」とはげましてください。逆に、どうしても「いや」を伝えるときに言葉が過度にきつくなったりしがちな子どもに対しては、「いやの気持ちはよくわかるよ」「もっとおちついていうことができるよね」などとアドバイスしてください。

★ 第2章 ★

23 アサーション・トレーニング
注意のしかた──み・かん・て・い・いな

友だちを注意するとき、どういえばいいのか悩むことがありませんか？

Q あなたが読んでいる本を友だちが急に取り上げ、からかってきました。そんなとき、あなたはどうしますか？

Aさん

「やめて。」
「やだよ。」

いろいろいいたいが、仕返しされるのがいやなので、自分の気持ちを少しだけいう。
相手はいじわるをやめない。おもしろがってさらに続ける。

Bくん

「なにをするんだ、やめないとなぐるぞ！」
「やれるもんならやってみろ！」

怒っているので言葉が乱暴になる。
いい返した言葉がきっかけとなり、けんかになる。
関係がいっそう悪くなる。

Cくん

「友だちに借りた大切な本を急いで読んでいるんだ。明日までに返さなければならないんだ、だからすぐに返して！」
「ごめん。悪かった。返すね。」

自分の気持ちと訳を正直に話す。相手の気持ちとその本の大切さを知り、いじわるをやめ反省。

第２章　実践編

Q あなたは、Ａさん、Ｂくん、Ｃくんのだれに近いですか。また、もしあなたがいじわるをする側だったら、Ａさん、Ｂくん、Ｃくんにどのようにいいますか？

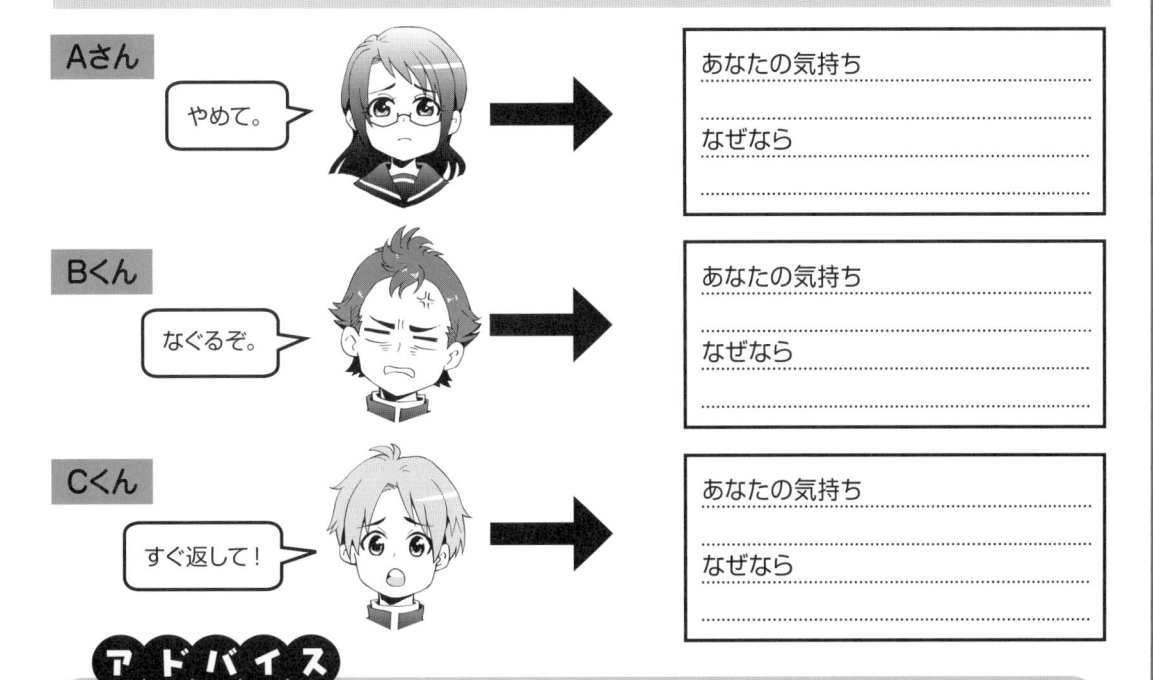

Ａさん　「やめて。」→
- あなたの気持ち
- なぜなら

Ｂくん　「なぐるぞ。」→
- あなたの気持ち
- なぜなら

Ｃくん　「すぐ返して！」→
- あなたの気持ち
- なぜなら

アドバイス

　アサーションには台詞作りの公式のようなものがあります。デスク（DESC）法といいます。デスク法はつぎのような順番で言葉を選んだり考えたりします。
　　D…describe（とりあげたい事実）
　　E…express, explain, empathize（自分の気持ちや考え）
　　S…specify（相手に対する提案やお願い）
　　C…choose（肯定的な返事に対する言葉、否定的な返事に対する返事やつぎの提案、お願い）
このデスク法をよりわかりやすくすると「み・かん・て・い・いな」となります。
　　み……見たこと（事実）
　　かん…感じたこと、考えたこと
　　て……提案（お願い）
　　い……「いいです」という場合の返事
　　いな…「いな（否）」という場合の返事と次のお願い
たとえば、Ｃさんの例で見ると次のようになります。
　　み……「その本、友だちから借りた大切な本なんだ」
　　かん…「明日までに返さなければならないんだ」
　　て……「だからすぐ返してほしい」
　　い……「ありがとう。助かった」
　　いな…「返してくれないなら、きみが責任をとってほしい」
　これをまとめていうと
「その本、友だちから借りた大切な本なんだ。明日までに返さなければならないんだ。だからすぐ返してほしい」

24 頭にきたとき

> いつもそんなことばかりいわれて、頭にくる。

> 顔を見ると文句ばかり。いいかげんにして。

> いい返せば、またケンカになるし……。でも本当に腹が立つ。

> あ〜あ〜、まったくこんな成績じゃ行ける高校ないんじゃない？

> なんにもいいところがないんだから。

　あなたは、だれかに対して頭にきたとき、どうしていますか？「へたになにかいうと、よけいにたいへんになるからひたすらがまん」「なにかいいたいけど、どうせじょうずにいえないからだまっている」という人もいます。がまん強いのはえらいけれど、いつもがまんばかりだと、あなたがだんだんつらくなったり、自分のことをいやになったりしないかと気になります。もしかすると、がまんできなくなって、とつぜんキレたり、自分より弱い人に意地悪したくなるようなときもあるかもしれません。

　逆に、頭にきたとき、いつも相手に強く反撃したり、いい負かしたりする人もいます。そういう人は、「強くてかっこいい」かもしれませんが、友だちができにくかったり、まわりの人から距離をおかれていないか心配です。

　頭にきたとき、そのことをじょうずに相手に伝えて、しかも相手とよい関係をつくれたらすてきです。

頭にきたとき、それをじょうずにいう練習

❶ 自分が頭にきていることをしっかりと受け止めよう

- 頭にきているときに、「怒っていない」などと、むりにそのことを打ち消さないように。打ち消してばかりだと、自分の気持ちがわかりにくくなっていってしまう。
- カッーとした勢いのまま、はげしく文句をいったり暴力をふるったりしないこと。
- 「自分は頭にきている」ことをしっかりと意識して、ひと呼吸おくように心がけよう。

❷ 相手に頭にきたことをいいたいのか自分で自分に問いかけよう

- なにのことで頭にきているのか、自分がどんな気持ちなのかなどを、なるべくおちついて話そう。
- 「今、相手にいわなくてもいいな」と思ったら、言葉にしなくてもいい。

① よし、深呼吸。

② なにもいいところがないといわれるのいやなの。

③ お願いだからそんなこというのは、やめて。

❸ 相手に「お願いする」つもりで伝えてみよう

- 命令口調やこわい顔、ごり押しや嫌味では逆効果。
- 「○○されると（いわれると）頭にくる。だから、変えてほしい」「お願いだから、もう○○はしないで」などと、わかりやすくていねいに伝えよう。

❹ 相手がすぐに伝わらなくても、キレたり、落ちこんだりしない

- 頭にきたことをじょうずに伝えるのは、いろいろな表現のなかでも、とてもむずかしいチャレンジ。練習しようとしている自分をほめながら、気長に練習していこう。

アドバイス

「頭にくる」とは、怒りの感情をいだくことですが、「怒りをもってはいけない」、あるいは、「怒りを表現してはダメ」と思いこんでいる大人も多いようです。怒りの感情とは、「喜怒哀楽」という言葉に「怒り」がはいっているように、また、赤ん坊が感情を発達させていく過程でごく初期から怒りが分化して表出されるように、人間が本来もっている自然な感情です。しかし、人が怒るとき、攻撃的になりやすく、怒りは人間関係を損なうとして、怒りの表現はタブーだと見なされてきました。

アサーションでは、怒りの感情について、本人が相手に伝えたければ伝えてよいと考えています。ただし、決して攻撃でなく、あくまでも「相手のことも大切にしながら、自分の気持ちをわかりやすく伝え、相手にどうしてほしいかをお願いする姿勢」で伝えることを重視しています。

子どもたちに怒りの表現を教える際には、大人がまず自分の「怒り」のとらえ方をふり返り、そのうえで、子どもの練習をあと押しする必要があります。

第2章

25 アサーション・トレーニング
リフレーミング──見方を変える

> **Q** あなたが体育の時間にバスケットのシュートの練習をしていました。そのとき友だちに「それくらいできないの！」といわれました。そのときのあなたは、Aくん、Bさん、Cくんのどれに近いですか？

Aくん
うるさいな！　今、練習しているんじゃないか！

Bさん
いやなことをいうなあ……。

Cくん
そういわれてみれば、もう1週間も練習しているな。もしかしたら、やり方がちがうからかもしれない。できる人のやり方をもう一度よく見てみようっと。

　だれかになにかをいわれて、そのときはいやな気持ちになっても、もう一度よく考えてみると「そのとおりだな」「よくわかったよ」と思うことがあります。

　たとえば、国語の授業で友だちと自分の感想がちがうことがあります。話し合いで、なぜ友だちがそう思ったのかという理由がわかると自分の意見や感想や考え方が変わることがあります。ちがう立場で見たり考えたりすると今までとはちがう考え方や感じ方が見つかります。このように、今までと異なる見方や考え方をすることを「リフレーミング」といいます。

　Cくんは、リフレーミングをして「自分のやり方が他の人とちがうかもしれない」ということに気がつき、もう一度できる人のやり方を見てみようという考え方に変わったのです。

> **Q** リフレーミングをする練習をしてみましょう。先ほどのシュートの練習の例で考えてみましょう。

1 相手にいわれたことをもう一度、自分の言葉としていってみましょう。すると、友だちにいわれたときとちがう気持ちになります。

→ 「それくらいできないの！」ということは、「できるはずなのにまだできないの！」ということなのかも。

2 「そうだとすれば、○○かもしれない」というちがう見方をさがしてみましょう。

→ そうだとすれば、ほかの人とちがうやり方をしているかもしれないぞ。

3 新しい見方ができると新しい考えが浮かび、今までとはちがう感じ方になります。

→ そうか。だったらできる人のやり方を見て、自分のやり方を変えればできるようになるかもしれない。

アドバイス

　リフレーミングすると、今まで気づかなかったことや思いもよらなかったことに驚くことがあります。相手の話をひとまず聞き、「○○ということは、つまり××？」「××というのだから、それはきっと□□」というように、自分の考えや思いを広げていけるからです。
　フレーム（枠組）を変えるためには、現実や原則にあった生産的な思考や、状況にあった現実的で冷静な考え方をすることが大切です。考え方がアサーティブであれば、ものごとを生産的、現実的に受け止められるようになり、その結果、行動も変化していきます。反対に非現実的、非合理的であると、結果は非現実的、非合理的になります。
　考え方をアサーティブにするには「○○するべきである」「××しなければならない」という考え方をしないことです。行動を限定したり、抑制したりするので非合理的であり、現実・原則に合いません。「○○するにこしたことはない」「××であるほうがより理想的である」という現実・原則に合った合理的な考え方をするように心がけましょう。

26 「つらい」と いっていいんだよ

> もう毎日つらいなあ。どうしたらいいんだろう……。

> だれかに話してみようか……。
> ↓
> でも、だれに話せばいいんだろう……。
> ↓
> わかってもらえなかったらどうしよう。
> ↓
> もっとガンバレとかいわれてしまうかも……。
> ↓
> やっぱり、このままがまんするしかないのかな。

　今、「つらい」と感じている人が、みなさんのなかにもいるかもしれません。たとえば、いじめにあっていたり、家族からしょっちゅういやなことをいわれたり、されたり、また、事故や災害にあったり、病気になったりして、つらい思いをじっとがまんしている人もいるかもしれません。

　もし、今、あなたが「つらい」と感じているなら、つらいという気持ちを打ち消したりしないでください。「こんなことをつらいと感じてはダメ」「つらくても、元気のふりをしないといけない」などと、自分のつらさを「あってはいけないもの」「感じてはいけない気持ち」と思わないでください。つらいときに「つらい」と感じるのは、私たち人間の自然な心です。楽しいときに「楽しい」と感じたりするのと同じです。

　そんなとき、だれかにあなたのつらい気持ちを話すことで、あなたの気持ちが楽になったり、ほかの人に「わかってもらえた」とホッとできたりします。

「つらい」気持ちを人に伝える

① 話を聞いてくれる人をさがそう

- 家族、友だち、学校の先生、近所の人、学校のカウンセラー、子どもの電話相談など、わかってもらえそうな人に伝えてみよう。

① カウンセラーの先生に話してみようかな……。

② うまく話せなくてもいい

- むりにぜんぶ話さなくてもだいじょうぶ。
- できるところから少しずつ話したり、ほんの少しだけ話したりするのでもいい。「つらい」のひと言だけでもいい。

② なんか毎日つらくて……。

③ なにか助けてほしいことがあるときは具体的に伝えよう

- 「○○をしてほしい」「△△のことで助けてほしい」などと、えんりょしないで具体的に伝えてみよう。
- あなたの期待どおりになるかどうかはともかく、「自分のほしい助け」を伝えてみよう。

④ あまり話したくない人には話す必要はない

- まわりの人が「つらいの？ だいじょうぶ？」「どんどん話しなさいよ」などといってきても、無理をしない。
- 相手の対応のせいで、あなたがよけいにつらくなったりするかもしれない。話す相手を自分で選んでよいということを忘れないでおくこと。

アドバイス

　子どもが大人に「つらい」と伝えてきたとき、大人がよく行ってしまう失敗があります。
　①子どもの話を聞くよりも、「早くどうにかしないといけない」とひどくあわて、事態収拾に躍起になり、肝心の子どもの気持ちを置き去りにしてしまう。
　②大人がその話にショックを受けたり、事態を受け入れられなかったりして、「あなたが悪いから、こういうことが起こった」とか、「どうしてもっと早く訴えなかったのか」などと子どもを責めてしまう。
　③大人の価値観を基準にして、「そんなことを"つらい"なんていっているのは情けない」「大人になれば、もっとつらいことある」などといい捨てたり、「ほら、早く元気を出して」「すぐに忘れられるわよ」などと、安易にはげましの言葉を投げかけたりしてしまう。
　大人にとっても「つらい」話を聞くのは難儀なことですが、大人を信じて話して（話そうとして）くれている子どもの思いを大切にしながら、まずはおちついて耳を傾けてください。そして「つらい気持ちをよく話してくれた」「これまでよくがんばって、もちこたえようとしてきたね」などと子どもをねぎらったり、「できる手助けをするけど、なにをしてほしい？」などと子どもに問いかけてください。そして、子どもが話したがらないことは無理に聞き出さないでください。大人が子どものつらさに寄り添えないときは無理をせず、ほかに相談相手を探してください。

27 いつも話を聞かなくてもいいんだよ

> おばあちゃんって、口うるさくて本当にいやになるわ。私がこんなに一生懸命お世話してるのに！

> お母さん、おばあちゃんのこと、ずっと悪くいうんだもの。もう聞いていたくないな……。

　「聞きじょうずになろう」と思い、聞く練習をするのは、もちろんすばらしいことです。でも、だからといって、あなたがいつもどんな場面でも相手の話をちゃんと聞かないといけないというのではありません。

　たとえば、相手がとてもいやな話をしたり、だれかの悪口をいいつづけたり、あなたにすごくいじわるなことをいったりするとき、あなたが「そんな話は聞きたくない」と思うのは、とても自然な気持ちです。

　また、家族や先生からなにかを注意されて、自分でも反省しているのに、いつまでもクドクドと同じことを注意されたら、「もうその話は聞きたくない！」と思ってもおかしくありません。

　あなたが「そういう話は聞きたくない」「聞くのがつらいな」などと思ったときは、そのことを相手にわかりやすく、おちついて伝えましょう。

聞きたくないをじょうずにいう

❶「聞けない」と伝えよう
● 「相手が話そうとしているのに悪いな」と思う場合は「ごめんね。聞きたくない」とあやまる言葉をつけくわえてもいい。

① 私、おばあちゃんを悪くいう話、つらくて聞けないよ。

③ だから、もう、おばあちゃんの悪口を私にはいわないでね。

❷ できたら聞きたくない理由を伝えよう
● あなたの気持ちや意見をいえたらいおう。

② だって……。いつもやさしいお母さんなのに、おばあちゃんの話になると、とてもこわい顔になるよ。

❸ これからもそういう話は聞きたくなかったら
● 聞きたくないことを相手に伝えてみる。
● イライラした感じやおどおどした感じではなく、おちついてさっぱりといおう。

❹「聞きたくない」がいえなかったら その場をはなれてもいい

● 相手にいえないとき、あるいはいってもぜんぜんダメなとき、その場をはなれてもいい。
● その場をはなれることは、ひきょうでも、無責任でもなく、むしろ自分で自分を守ろうという勇気ある行動。
● はなれるときに、ひと言、「あっちの部屋に行くよ」などいえるといいけれど、それもむずかしいようなときは、静かにだまってはなれる。

アドバイス

〈相手を大切にするコミュニケーション〉を誤って解釈すると、相手が話すことに、こちらがいやでも相手が話すかぎりは、とにかく聞き続けないといけないといった偏った考えを生み出しがちです。それでは「聞く」ことが苦役になり、その結果、相手を拒否したり関係を絶ったりすることにもなりかねません。

相手を大切にするのと同時に、自分も大切にすることが重要です。ですから相手の話を聞いていて自分がしんどくなりすぎていないか、自分の心をたしかめることが必要です。もし、自分がつらいときなどは聞かないことを選んだり、そのことを相手にわかりやすく伝えたりすることが必要です。

これは大人にも必要なコミュニケーションの技法です。相手の話を「聞くのがつらい」と感じる気持ちを直視することで、「聞くときはちゃんと聞く」という姿勢も強化されます。

28 トラブルや対立が起こったら

友だちと意見や考え方の行きちがいが生じて、トラブルが生じたときに、あなたはどうしますか？

「合唱祭の練習サボらないって、約束でしょ！」

「サボってなんかないだろ！」

　自分と友だちとの間で意見や考え方のちがいによって、トラブルや対立が起こることがあります。人間関係のなかでは、よくあることです。これまで育ってきた生活環境や生活習慣がまったくちがうから、お互いの意見や考え方がちがうのは当然のことです。

　人はお互いの意見や考え方をよく知ることによって、お互いの置かれた状況や立場、なぜそうなったのかを理解することができます。その結果、人はお互い歩みよることができることに気づき、折り合いをつける気持ちが生まれ、問題解決につなげることができます。

　相手を責めるばかりで自分を正当化するだけでは、問題の解決は遠ざかるばかりです。お互いを尊重するところからスタートして、感情的な課題をきちんと受け止めた上で、話し合いをすすめることが問題解決の近道です。

トラブルや対立を解決するための話し合い方

❶ お互いのいい分をきちんと聞き合う
- 相手が話しているときは最後まで聞く。

① みんな忙しいけど、がんばってるんだよ！

③ えっ、そうだったんだ。たしかAくん、体調が悪くて早退したから……。

❷ 自分の意見や考えをはっきり伝える
- 相手のいい分でわからないところは質問する。問題点を整理していく。

② 昨日は家の用事で欠席するとAに伝えたよ。

④ そっか……。もしまた参加できないときは、直接、きみにいうよ。それと、もっと積極的に練習するよ。

❸ トラブルの原因について、お互いの理解を深める
- 原因がどこにあったかを知る。

❹ 問題解決の方法を具体的に話し合う
- お互いが歩みより、なにをすれば問題が解決するか、問題の原因から具体的に話し合う。
- 解決の糸口を見つけるためにお互いが協力・実行することを約束する。

I am OK, you are OK. で話し合おう！

自分たちだけで解決がむずかしいときは
1step　先生や親などに間にはいってもらい、話しを整理してもらう。
2step　自分たちで話し合うが、先生や親に立ち会ってもらう。
3step　自分たちだけで問題解決に向けて話し合いをしてみる。

アドバイス

　日常生活でのトラブルや対立は、双方の否定的な感情（「いやなやつ」とか「憎たらしい」など）や攻撃的な行動（「悪口」や「暴力」など）が働いて問題を複雑にして、解決を妨げていることが多いようです。つまり、トラブルや対立に起因する「怒り」や「不快感」があらたな原因になり、問題解決をいっそう困難にしてしまいます。

　その構造は、次のような経過をたどります。①意見の相違などによってのトラブルが発生、感情的な不快感を生じる。→②トラブルの原因を相手に求める。→③相手に対する否定的な情報を集め、攻撃の準備をする。→④お互いの感情的な対立が高まり、予期せぬきっかけで非難や攻撃的な言動・行動が発生する。→⑤人間関係がもつれ、関係の修復が困難になる。→①にもどって感情的な対立が深まる。

　トラブルや対立を解決し、よりよい人間関係を形成するためには、この悪循環を断ち切らなければなりません。

★第2章★

29 いじめを見たら

> そうだ、そうだ、ちょっといじめてやろうぜ！

> こいつ、いつもいい子ぶってるよな！

> なんか、気にさわるんだよな！

> なんだ、なんだ、おもしろそうだな。

> かかわらない方がいいよ、とばっちりくるよ。

> ちょっと、いためつけてやろうぜ！

> たいへんだ、どうしよう。だれかに知らせないと。

　いじめの場面にいあわせたとき、あなたは、どのような行動をとりますか？いじめはやめさせたいと思うけど、「やめろよ！」というのは、勇気がいります。

　いじめには、いじめを受けている子（被害者）、いじめている子（加害者）、その周辺にいる子という大きく分けて3つの立場があります。

　もっとも苦しんでいるのがいじめを受けている子です。一方で、いじめの中心となったり、いじめに加担したりする子は、人を大切にしていない状況にあります。また、そばにいていじめをおもしろがったり、かわいそうだと思ってもこわくてとめられない子も同じ状況にあります。いじめている子も、なにもしないでいる子も同じように人を大切にしていないいじめられている子どもの権利をうばっているのです。

いじめをやめさせる

❶ 相手に問題があるからといって、いじめてよいことにはならない

● 相手にはそれぞれの個性があり、自分の価値観にあてはまらないからといって否定されることはない。
● お互いの多様性を認め合おう。

> がんこだな。だから、きらわれるんだよ。

> そんなこといわれても、直しようがないよ。

> なんだ、生意気だな。やっちゃえ。

> なんだか、一方的にやられてる。どうしよう……。

❷ いじめを止めることができないとき、身近な大人に助け求めることはひきょうではない

● いじめによってひどいことをされている友だちを目の前にしたとき、それを防ごうとする気持ちや態度はとても重要。自分の力のおよばない状況や場面では、他者に助けを求めて解決を図ろう。

> 大変です、Aさんがいじめを受けています。

> わかった。すぐやめさせて、よく話を聞こう。

アドバイス

　いじめは「自分も相手も大切にしていこう」というアサーションの考え方からすると、被害者も加害者も傍観者の子どもも人権が損なわれている状況です。加害者の子どもは「相手を大切にする」ことを否定し、相手を傷つけることによって自己の心の渇きを埋めようとしています。被害者の子どもは「相手から自分を大切にされていない」という人権を損なわれています。さらに、傍観者の子どもも他者の人権を否定している状況にあり、自ら良心の呵責と無力感に陥っていることになります。

　自分で「いじめを止める」ことができない状況では、いじめの事実を大人に告げることはとても勇気ある行動であることを子どもに明確に示してください。なんらためらうことなく、身近な大人に相談したり、伝えることを教えます。身近な大人が援助を求めた子どもを守り、いじめという不幸な状況を解決するために、子どもたちとのかかわりと信頼を深める努力をていねいに続けていきましょう。

30 友だちがいじめで悩んでいたら

なんか、悪口をいわれてるみたいなんだ……。

- A子、落ちこんでいる。元気がないんだな……。
- どうやってはげましたら、いいんだろう。
- 「そんなの気にしないほうがいいよ」っていおうかな。
- でも、気にしているから悩んでいるんだよね。
- こんなとき、なんていったらいいんだろう。

　落ちこんでいる友だちをはげましたいときには、どうしたらよいでしょうか？　変な顔をしたり、ギャグをいって笑わせてあげるのもひとつのアイディアです。でも、笑わせてあげられる様子ではなかったら……。

　人は心の中で悲しみやくやしさと戦っているときには、あなたのやさしい気持ちが伝わりにくいことがあります。相手がホッとできるようにしてあげると、あなたの気持ちが伝わりやすくなります。相手の気持ちを想像して勇気づける言葉をかけてあげられると、相手はホッとします。自分の気持ちをわかってくれている人の言葉は、心の奥まで届くものです。友だちに言葉を受け止める準備ができたと思ったら、はげましたり、味方になりたいという気持ちを伝えてください。

友だちをはげますコツ

❶ まずは話をよく聞いてあげよう
- 落ちこんでいる原因について、話を聞いてあげよう。
- 途中で口をはさまずに、最後までじっくり聞くのがポイント。
- 人に話を聞いてもらえると、それだけでも心が軽くなる。

❷ 相手の気持ちを推理して伝えてあげよう
- 言葉にすることで「あなたの気持ち伝わったよ」というメッセージになる。

① 最近なんとなく無視されている気もするし……。

② そっか……。無視されるのはつらいね。

③ 私はいつだってＡ子の味方だよ。

❸ 味方であることを伝えよう
- 悩んでいるときはひとりぼっちの気持ちになりやすい。「味方だよ」と言葉にして伝えてあげよう。

❹ ゆっくり話そう
- 落ちこんでいる人に話しかけるときは、ゆっくりとおだやかに話す。
- 相手の気持ちの状態や話すスピードに合わせると、より相手に伝わりやすくなる。

アドバイス

　落ちこんでいる友だちを元気づけることは、大人でもむずかしいものです。自分の思いや考えを相手に伝わる言葉にするには工夫が必要です。「それはつらかったね」「悲しいね」と、相手の気持ちを言葉にして伝える技法は、カウンセリングで「感情の反射」と呼ばれます。共感的に話を聞くときに役立ちます。落ちこんでいる相手にはげましの言葉をかける前に、相手に寄り添って気持ちを聞いてあげます。自分の気持ちをわかってくれる人の言葉のほうが、相手の心に届くということを子どもにアドバイスしてあげてください。

　言葉をかける際、元気づけようと張り切りすぎてしまうと、落ちこんでいる相手に負担をかけてしまうので逆効果です。相手の声のトーンやスピードに合わせて話すことで、自分の言葉が相手に届きやすくなります。「相手に合わせて話してあげる」などと抽象的な表現ではなく、「落ちこんでいる人と話すときはゆっくり話す」「おだやかに話すと伝わりやすい」と具体的にアドバイスします。

31 友だちがひさしぶりに登校したら

あ、学校これたんだ。

声をかけたいな……。

でも、なんていおうかな。

傷つけてしまわないかな。

なんもいわないほうがいいのかな。

でも、なんもいわないのもさみしいな……。

　ひさしぶりに学校にきた友だちに言葉をかけてあげたいけれど、どのように声をかけたらいいか迷いませんか。「こんなこといったら傷つけてしまわないかな」「余計なことをいってしまわないかな」「いやな思いをさせてしまうかもしれない」と不安になるかもしれません。

　相手が自分の言葉をどのように受け止めるか気にかけることは、とても大切なことです。人によって受け止め方や感じ方はちがいます。どのように伝えたらいいか、迷う気持ちがあるということは、相手の気持ちを尊重している証拠です。相手を思いやることができていることに対して、まずは自信をもってください。

　ひさしぶりにきた友だちもドキドキしています。「みんなに仲よくしてもらえなかったらどうしよう」「たくさん休むなんてずるいって思われていたらどうしよう」など、友だちの心のなかは緊張と不安でいっぱいなはずです。

第2章 実践編

自分の気持ちをじょうずに伝えるコツ

❶ まずは笑顔になろう

- あたたかい気持ちは笑顔のほうが伝えやすい。
- どうやって伝えようか緊張していると、顔も緊張してしまう。心のなかで「笑顔!」とつぶやいて、顔の緊張をほぐそう。

❷ そばにいてあげよう

- ひさしぶりにきたら、友だちは心細く感じているはず。友だちがそばにいてくれると心強く感じる。
- 気持ちを伝えるのは言葉だけではない。そばにいるだけで伝わることもある。

① 笑顔!

③ 元気だった?

④ 私はきてくれてうれしいよ。またあそぼう。

❸ 友だちの顔を見て、ゆっくりおちついて話しかけよう

- だいじなことを伝えるときは、相手の顔を見て話すことが大切。
- 緊張すると早口になってしまう。あたたかい気持ちを伝えるときには、ゆっくりおちついて話すと効果的。

❹ 友だちとひさしぶりに会えてどう思ったのか、あなたの気持ちを伝えよう

- まずは自分がどう感じたのかを自分を主語にして話そう。
- 「私はうれしい」「また遊ぼう」などと伝えると友だちが元気になる。

アドバイス

　学校を休みがちな子どもがひさしぶりに登校してきたとき、気にかけてくれている子どもはたくさんいますが、どのように声をかけようか迷っている子どもも多いと思います。相手のことを思いやっているからこそ、迷いが生じるのです。迷っている子どもたちには「相手のことを考えられていてすごいね」と勇気づけてあげてください。
　また、「休んでてずるい」など、ネガティブな気持ちをもっている子どもも少なくありません。休んでいた友だちを迎える際には、ぜひ受け止める側の子どもたちといっしょに気持ちを整理してあげてほしいと思います。
　「私はきてくれてうれしいよ」は、「アイ（I・私）・メッセージ」です。「あなたは××です」の伝え方だと、批判や責める表現に聞こえてしまうことがあります。「もっと学校おいでよ」といういい方は休んでいた子どもを傷つけてしまうこともあります。相手にじょうずに思いを伝えるには「アイ・メッセージ」を使ったほうが、誤解なく伝えることができます。

★第2章★

32 友だちの服装や様子が気になったら

洗濯してもらえないのかなぁ。食事してるのかな。ねむれているのかな。

↓

そんなこと聞きづらいなぁ。

↓

へんに疑ったりしたら悪いし……。

↓

ふれないでおくのも友だちなのかなぁ。

↓

でも心配だし……。

　友だちがマスクをしていたら、「風邪、ひいたの？」と聞きます。包帯を巻いていたり、あざが見えたりしたら、「どうしたの？」と聞きたくなります。そんな質問にも答えたくない様子で「別に……」としかいわない友だち。

　友だちになにか起きているかもしれないと、とても心配になります。でも、「もしかしておうちで暴力を受けているの？」とは、なかなか切り出せないものです。もし、ちがっていたら、相手を傷つけるかもしれませんし、変な疑いをかけられたといって腹を立てるかもしれません。

　では、見て見ぬふりをするのがいいのでしょうか。家庭のことや、暴力のことは聞きにくいのですが、あなたが心配していることを伝えることは大切なことです。

　人は苦しいときに、自分のことを気にかけてくれている人がいることを知るだけで、ほっとします。あなたの言葉が、友だちの心の支えになります。

「心配している」気持ちの伝え方

❶ 友だちとして、自分の気持ちをいえばいい

- 「私（ぼく）ね」と切り出して（ひと呼吸おいて）「あなたのことが心配なんだ」といおう。
- 家庭や親を批判するのが目的ではない。

❷ なにが心配に思えるかを話してみよう

- いいとか悪いとかではなく、自分が相手を心配していたことを具体的に話してみる。

① オレ、おまえのことが心配なんだ。

② 最近さびしい顔してるし、元気ないし。

③ 思いこみだったら、それでいいんだけど。

④ 話したくなかったら、いいんだ。話せるときがきたら、聞かせて。

❸ 相手の気持ちをだいじにしよう

- 問題が深刻なほど、かんたんには話せない。
- なんとかしてあげたいという気持ちは強くても、あせって相手に「どうしてほしい」と求めない。

❹ あなたがしてあげられることを伝えよう

- 話題にしたことを不快に思っていないかどうかを聞けるといい。
- 力になれることがあったらいってほしいという気持ちを伝えよう。
- 必要なら、いっしょに信頼できる人のところに相談に行ってもいいと伝えよう。

アドバイス

　子ども同士でも、プライバシーにかかわることについて、ふみこんではいけないという気遣いがされるようになってきています。
　人の家庭について詮索したり、批判的な意見をいったりすることは、「あなたメッセージ」です。相手は突きつけられた感じや逃げられない感じをもち、ときには事実を認めたくない気持ちが高まり、否定したりします。事実を聞くことをせず「私が心配している」ことだけを伝えます。これは「アイ・メッセージ」です。事実がなかったら、「あなたの思い過ごし」と思われるだけで、だれも傷つかないですみます。私が「勝手に心配する」のは私の自由なのです。
　一方、虐待は命にかかわる問題です。親が自分のためを思って、しつけのために暴力をふるっているのだと自虐的にとらえている子もいます。しかし、事実を聞いたら友だちとして「それは虐待である」ことを伝えないといけません。そして大人を交えて相談し、命を守っていかないといけません。子どもたち同士で秘密にしていい問題ではないことを指導していきましょう。

★第2章★

33 友だちがキレて暴力をふるったら

> なんでなぐりかかってくるんだ？

> 何度やめてといっても通じないし……。

> 先生にいっても問題が大きくなるだけだし……。

> ぼくがガマンすれば、いいのか？

> でも、もう痛いのはいやだ。

　キレやすく、ときに暴力をふるう友だちがいます。何度も「やめて」といっても、まったく通じません。

　そのばあい、もしかしたらその友だちは言葉が伝わりにくいという特徴をもっているのかもしれません。あなたが「やめて」といっているのに、まったくちがうメッセージにとらえていることもあります。あいさつのつもりで肩にふれたのを痛いと感じたり、通りすぎたことを無視されたと感じたりしていることもあります。あるいは、あなたが気がつかないだけで、相手が怒るようなことをしてしまっているのかもしれません。

　混乱している相手に「いや」という気持ちを伝えるには、視覚で伝える方法があります。たとえば、たたかれたところをさすりながら、つらそうな顔で「いたいなあ」「やめてほしいなあ」と動作を交えて伝えたり、それを絵に描いて見せます。一番大切なことは、お互いの気持ちをわかり合うことです。

お互いの気持ちの伝え方

❶ 「いたいなあ」といおう
- 顔をしかめて、たたかれたところをさすりながらいおう。
- 強い語調にならないようしずかにいえるようにがんばってみよう。
- 相手の友だちではなく、痛い所に向かっていうといいやすいこともある。

① いたいなぁ。

❷ なにかあったのか聞いてみよう
- 言葉が伝わりにくい友だちなら、こちらがいくつか選択肢を出して聞いてみよう。紙に書いて伝えてもいい。

② なにかあったの？ ぼくが気になった？ たたくと気持ちがいいの？

❸ どうしてほしいか伝えよう
- クラスでこの友だちのイライラの原因を考え合ってもいい。
- 大声やおどすような表現は、その子をよけい混乱させてしまう。

③ 不満があったら、言葉でいってほしいな。

④ ムッとしたときの合図を決めようか？

大声が耳ざわりなんだ。やめてくれる？

そういってくれるとわかる！ありがとう。

❹ イライラしたときの合図を決めよう
- 友だちができそうなことを話し合って決めよう。
- 音やにおいに敏感な子もいる。どうしてイライラするのか、友だちが困っていることをわかってあげると相手もいいやすい。
- 合図ができたときは「そうしてもらうとわかるよ」と伝えよう。

アドバイス

　思い当たる理由がないのに、乱暴する子の場合、いくつかの理由が考えられます。たとえば、友だちとのかかわり方がわからず軽くさわってしまい、反応があったことがうれしくてくり返す。触覚が過敏な子は、あいさつで肩に触れられるだけでも「痛い」と感じて、その反撃でたたいてしまう。場面の読み取りが弱いために「自分のことをバカにした（笑った）」「無視した」と被害的にとらえる子もいます。その子なりの理由があります。それが聞き出せるといいのですが、そもそも言葉で表現するのが苦手な子かもしれません。
　感情的に混乱している子に対して、心がけたいのは、しずかに冷静に伝えること、できたら視覚に訴えること、やってはいけないことより、なにをすればいいのかを示すことです。「乱暴はいけない」と連呼するのではなく、「痛いので、やめてほしいなあ」と自分の気持ちや要望を具体的に伝えます。そして「たたく」ことを止めるかわりに「どうしたらいいか」をいっしょに考えていきます。

34 友だちが勉強で困っていたら

どうしたのかな。わからないのかな。

教えてあげたほうがいいかな。

わかるからって、上から目線だと思われるのはいやだなあ。

プライドが傷つくかも。

先生が気づいてあげればいいのに。

なんだか自分までハラハラしてしまう……。

　授業中、困っている子がいたり、グループ学習がうまくすすまなかったりしたら、あなたはどうしますか？　学級のなかには、学習が得意な子も苦手な子もいます。友だちが苦労しているような場面で、声をかけるのか、そっと見守るのか迷いますよね。

　まず、「できていない」と決めつけていないか、見直してみましょう。そして、「なにかに困っている」と思えるのなら、自分が気になっていることを伝えてみるのはどうでしょう。「できていない」と決めつけられ、「教えてやる」と押しつけられるのは、その子にとっても負担になります。相手には、あなたの申し出を断る権利も、受け入れる権利もあります。受け入れる気持ちでいるようなら、どういう手助けがしてほしいのかを聞いてみてもいいでしょう。

友だちが困っているときの声のかけ方

❶「困っているなら手伝うよ」といってみよう

- 「手伝う」「力になる」のも、自分の思いであって、本人が望むかどうかは別。「手伝いたい」「力になりたい」という気持ちで伝えよう。

①むずかしいよね。困っているように見えたんだけど力になろうか。自分でやりたかったらいってね。

❷ 自分が考えたやり方を話してみよう

- 相手のペースに合わせて、先走らないように。
- 説明することで、自分もさらにこの学習が理解できるようになると思って話すと、自然な教え方になる。

②私は、こうやってみたんだ。ちがう考えもあるから、ちがったら教えてね。

③わかった？わかりにくかったらいってね。

④だまってるとわからないから、Aくんの意見も聞かせてね。なにかいってくれるとほっとするんだ。

❸ どうだったかを聞いてみよう

- 「できた?」と成果を問ういい方より「わかった?」と確認する。
- 「わからない」といわれたら、「自分の手助けが十分でないのかも」と考えよう。
- 本人が引け目を感じるようないい方はしない。

❹ グループ活動のときも声をかけよう

- みんなの意見にだまってうなずくだけ（ノンアサーティブ）だったら、なにかいってほしいと伝えよう。
- 「どう思ってるの」と聞くより、「この意見に賛成？反対？」のほうが答えやすい。
- 「いってくれたので、みんなも動きやすい」などいってくれたことの結果を伝えよう。

アドバイス

　子どものなかには、勉強が苦手な子もいます。そういう子に対し、「早くやれよ」とせかしたり、「なんで、ちゃんとやれないの」と、もどかしく思って問いつめたりすることがあります。一方で、困っている子に気づき、「つらいだろうなあ」と思えると、「自分でできることがあれば、応援したい」という気持ちになります。子どもに支援することは求められませんが、手助けを申し出ること、それを受け入れる関係は望ましいものです。できている子どもも、友だちがわかるように説明することを通してより深く理解するようになります。また、異なる意見を聞くことで、さらに思考が深まります。まさに「お互いさま」なのです。
　日頃から学びは間違うことや人と対話することで深まることを伝えていきます。正確を求めるだけでなく多角的な視点で考え、多様な表現に出合うことを重視するほど互恵的な関係が育ちます。

★第2章★

35 友だちが予定が変わって混乱していたら

今日の図工は中止にします。運動会の合同練習になりました。ダンスの練習をします。

そんなあ？　せっかく楽しみにしていたのに！！　体操着を持ってきていないよ。どうしたらいいのかなあ……。

困っているみたいだけれど、大丈夫かなあ。

↓

なんか困っているみたいだな。

↓

かなりイライラしているみたいだよ。

↓

大きな声を出して怒らなければよいのだけれど……。

↓

助けてあげたいけれど、なんて声をかけてあげればいいんだろう。

　友だちのなかには、急に予定が変更されると、どうしたらよいのか不安になったり、混乱してしまったりする子もいます。だれでも自分が楽しみにしていたことが急に変更になれば、いやな気持ちになります。それは素直な気持ちの表れですが、混乱しすぎて大きな声を出してしまっては、まわりの人に迷惑がかかり、いやがられてしまうかもしれません。

　友だちが自分の気持ちを大切にしながら、混乱したり、イライラしたりせずに、素直に今の気持ちが表現できるようになるためにはどうすればよいのでしょうか？

　まず、「楽しみにしていた気持ち」を認めてあげましょう。また、急に変わってしまったことで、どうしたらよいか不安になっている気持ちを聞いてあげます。そして、予定が変わった理由をていねいに伝え、なにをしたらよいかをいっしょに考えてみましょう。

第2章 実践編

友だちの気持ちを聞く練習

❶ ていねいな言葉で、しずかにそっと話しかけよう

①大丈夫？ 図工の時間楽しみにしていたんだね。

③体操着、持ってきていないよ。

②せっかく準備してきたのに残念だったね。体操着持ってきた？

④急だから体操着じゃなくても大丈夫だよ。先生に聞いてあげるよ。

● 「だいじょうぶだよ。楽しみにしていたんだね。」と話しかけてみよう。
● 一生懸命にやろうとしていた気持ちや不安な気持ちを聞いてあげよう。

❷ なぜ予定が変わったのか、いっしょに考えてあげよう

①運動会の合同練習の時間が取れないんだって。

②いっしょにやろうよ。みんなと合わせないと困るからさ。

● 予定が変わるには多くの場合、理由があるはず。
● 参加をしないとまわりにどんな影響が出るか、いっしょに考えてみよう。

❸ 今、やったほうがよいことをていねいに伝えよう

①残念な気持ちはわかるよ。でも運動会の練習をしないとね。そのかわり、休み時間にいっしょに遊ぼう！！

②うん。

● 予定が変わったことでいやな気持ちになったことをわかってあげる。それからやらなければならないことをていねいに伝えよう。かわりになにができるかを考えてあげよう。

悪い例

①もうみんな外に行ったよ！ 早く出ないと怒られるよ！

②エーッ！なんでだよ！！

ガシッ

● 不安な気持ちだったりいやな気持ちだったりするのに、大きな声でいったり、命令されたりすると余計にいやな気持ちになる。

❹ 気持を切りかえてくれてくれたら、それを認めてあげよう

「いっしょにかけっこしよう。」

「準備ができるまで待ってあげるからさ、いっしょに行こうよ！」

「ぼくがイライラしなかったから、みんなで楽しくできたのかな。」

- がんばろうという気持ちが強いと、すぐに気持ちの切りかえができないときもある。そんなときは少し時間をおくと切りかえができることもある。
- 怒ったりせずに「待っているよ」という言葉をかけて、しずかにしてあげたり、別の場所で少しの時間、気持ちをおちつかせることができるようにしてあげてもいい。
- 気持ちを切りかえてくれたら、「がんばったね」「ありがとう」と、みんなのために気持ちを切りかえてくれたことを認めてあげよう。

アドバイス

　急に予定が変わり、混乱が生まれたときには「いやな気持ち」や「不安な気持ち」をていねいに聞いてあげることが大切です。自分の「今の気持ち」を言葉にしながら整理していくと、多くの場合、気持ちがおちつき、客観的に物事を考え、自分はなにをしたらよいかを考えることができます。うまく気持ちが整理できない子に対しては、話を聞きながら、できそうなことから具体的にアドバイスします。混乱が激しいときには、少し気持ちがおちつくまで、そばについてしずかに見守ってあげることも必要です。

　気持ちがおちついてきて、混乱が治まってきたら、そのことでほかの友だちが助かったこと、しっかり考えられたことなどを認めてあげます。客観的に自分を見つめることができる力（メタ認知能力）につなげていきましょう。

36 バカにされカーッとしたら

> お前、またシュートはしてんのかよ。なにやってんだよ。へただな！！

> うるさいよ！！ おまえだってへただろ！！

- ぼくだって一生懸命にシュートしているんだ。
- 練習だってたくさんやっているぞ。
- なんでそんなことをいうんだよ。
- 自分だって失敗することあるのに。

　友だちからバカにされたりいやなことをいわれたりしたときに、腹を立てたり、怒ったりすることは、とても自然な心の働きです。自分を大切に思うからこそ起こる気持ちです。ときにはカーッとなり、大きな声をあげてしまったり、物に当たってしまったりすることもあるかもしれません。でもよく考えてみてください。あなたが大きな声をあげてさわいだら、相手はどんな行動をとるでしょう。まわりの人は、あなたのことをどう思うでしょうか？

　相手も自分も、そしてまわりの人も大切な存在と考えたとき、物に当たったりして怒りの気持ちを相手に伝えるのではなく、自分の気持ちをていねいな言葉ではっきりと伝え、なぜいやなのかをわかってもらうようにしてみましょう。

「いわないでください」をはっきりという練習

❶ おちついて、はっきりと「いわないでください」といおう

「なんでそんなことをいうの？」

「もういわないで！」

● 相手になぜそういうのか、いう理由を聞いてみよう。キレたりせずに、おちついてはっきりいおう。

❷ どうして「イヤ」なのかをていねいにいおう

「ぼくだって、シュートが入るようにねらっているんだけど、外れちゃったんだよ。」

「きみだって失敗することはあるでしょう。」

● 人をバカにすることは絶対に許されないこと。なにがイヤなのか、ていねいな言葉ではっきりいおう。

❸ 大声でどなったり、物に当たったら逆効果だよ

「そうなのか。」

「ぼくだって、一生懸命に練習をやっているんだよ。でも、失敗しちゃうんだよ。」

● キレないで、しっかりとていねいな言葉で、自分の気持ちを伝えると、まわりの人がきみのがんばりを認めてくれて、いやなことをいった人がいいづらくなっていくよ。

悪い例

「なんだと！！」

「うるさいな！！お前だって失敗するだろうよ」

● 相手に大きな声でいい返すと、余計にイヤなことをいわれてしまうことも多い。またまわりにいる人にもきみがキレた姿しか、見てもらえなくなる。

❹ 話を聞いてくれたらお礼をいおう

「ありがとう。
がんばるね!!」

「わかったよ。
次はがんばれよな!」

● 相手がきみの気持ちをわかってくれたら、「ありがとう」と伝えよう。
● わかってもらえなくても、怒らない。
● 相手のいっていること、だまって聞いていたら、ダメな自分というのを認めてしまうことにもなる。いやなことはいやだと話せることは自分を大切にする第一歩だ。

アドバイス

　怒りをコントロールするためには、まずなにがいやなのかをはっきりさせることです。
　人は不当な扱いを受けたり、差別されたり、一生懸命にがんばっていることをバカにされたりなど、本当に怒らなければならないときもあります。自分も相手も大切な存在と考えたときに、自分の存在を否定されたときには怒ることは当たり前です。また、存在を否定されたことを受け入れてしまっては、自分自身を大切な存在と考えているとはいえません。また、ひやかしなど無用な挑発もありますが、それに乗らないことも大切です。そのためには、いわれていることが、どのような内容なのかをしっかり考えていくことが必要です。
　本当にいやな気持ちになったときは、どなったり、物に当たったりせずに、なぜいやなのかを考え、ていねいな言葉ではっきりと「いやです。いわないでください」といいましょう。無用ないいがかりに対しては、「私は関係ない」とはっきり表現していくことも大切です。大切なことはいやな気持ちになっているということを示すことです。もし、自分ひとりでいうことができなかったら、友だちや先生に相談しましょう。
　どうしても怒りが治まらなくなってきたら、ほかのことに気を紛らわせたり、ユーモアを使って場の雰囲気を変えたり、ちょっとその場から離れたりして、自分の気持ちをコントロールするのも効果的な方法です。

37 予定が変わって混乱してしまったら

> 雨が降ってきたので、水泳の授業は中止になりました。かわりに図工の工作を完成させます。

> エーッ！！

> - せっかく楽しみにしていたのに。
> - なんでできないんだよ。
> - 図工の道具、持ってきてないよ。
> - それにぼくはもう完成しているんだよ。
> - ぼくはなにをしたらいいんだよ。

　授業の予定が急に変わってしまい、どうしたらよいか困ったことはないですか？

　だれでも、次になにをするかがわかっていたほうが安心して行動できます。でも、ときにはいろいろな事情で時間割が変わったり、友だちと遊べなくなったりします。急に予定が変わったとき、どうしたらよいか迷ったり、混乱したりするのはあたり前のことです。

　でも、予定が変わったことに腹を立てたり、相手を責めたりすると、相手やまわりの友だちをいやな気持ちにさせてしまいます。自分がなぜ困っているのか、どうしたいのか、自分の気持ちを話せるようになると、もっと楽しく過ごせるようになります。

困っていることを、声に出すコツ

❶ なぜ、予定が変わってしまったのか聞いてみよう

①なぜ、急に水泳の練習が中止になったのですか？

②急に雨が降ってきたので中止になりました。

- 予定が急に変わるには、必ず理由がある。それを最初に聞いてみよう。
- 怒ったり、大きな声を出したりすると相手もいやな気持ちになり、話したくなくなる。ていねいな言葉で聞いてみよう。

❷ 自分はなにに困っているかを考えてみよう

①困ったな。図工の道具持ってきていないよ……。

②ぼく、工作はもう完成しているよ。なにをすればいいんだ。

- 急に予定が変わったことで、自分はなにに困っているのかをゆっくりと考えてみよう。それがはっきりすると、どうしたらよいかも考えられる。

❸ 困っていることに優先順位をつけて考えてみよう

① 先生、図工の道具を持ってきていません。 → ② 友だちに、借りることはできますか？

③ 先生、ぼく、もう工作は完成しているんだ。 → ④ ぼく、なにかすることはありますか？

じゃ、でき上がった作品をかざる準備をしよう。

- 自分の困ったことを、ていねいな言葉で話してみよう。そして、どうしたらよいかを考えてみよう。

悪い例

えーっ！！ プール楽しみにしてきたんだ。図工なんてめんどくさいよ。

- 一方的に自分の思いだけをいうのでは相手も困ってしまう。
- ときにはがまんすることも必要。
- 相手はがまんしてくれているきみの気持ちをわかってくれて、次にきみのためにがまんしてくれることもある。

83

❹ きみの話を聞いてくれる人に「ありがとう」といおう

①道具を持ってきていないんだけれど、使い終わったら貸してくれる?

②いいよ。ぼくの道具を使いなよ。

③ありがとう。助かるよ。

● 急な予定変更で、みんなも困っていたり、忙しくなったりしていることが多い。
● きみの話を少しでも聞いてくれるのは、きみを大切に思っているからだ。
● 話を聞いてくれたら「ありがとう」といおう。
● どうしたらよいかわからなくなってしまったら、とりあえず気持ちをおちつけて、できそうなことからはじめてみよう。

アドバイス

　私たちは、次の予定を考えながら、なにをしたらよいか準備しながら行動しています。その予定が、急に変更になると、不安になったり緊張したりするのは当たり前です。学校では、1週間の予定や毎日の活動を、目で見える形で示していくことが子どもたちの生活の安定のために必要です。

　予定が急に変わって困っている子どもには、なにに困り、なにが不安なのかを考えさせ、言葉で表現させます。「予定が変わったのでなにをしたらよいかわからない」「予定が変わってしまったので勉強の道具があるか不安」「だれと遊んだらよいかわからない」「今度はいつ遊べるのか心配」などいろいろな理由があります。それが考えられただけでもすばらしいことです。だれでも不安になったり、緊張するのは当然なことだと教えましょう。そのうえで、イライラしたり怒ったりせずに、素直に自分の困っている気持ちを表現させましょう。そして、どうしたらよいのかを考えさせます。自分ではうまく考えられないときには、だれかといっしょに考えます。

　自分の困っている状態に気がつき、それをていねいな言葉で表現していくと、イライラした気持ちをコントロールする力がついていきます。

38 がんばっているのに認めてくれなかったら

私って不器用だから、うまく吹けないな。

一生懸命やってるんだけどな……。

ほら、またAくんがいやな顔をした。

私がいるせいで、グループの演奏がまとまらない。

また、なにかいわれるに決まってる！

ほら、またAくんがイヤな顔をした。

　共同作業や団体行動では、みんなに迷惑をかけるのではないかと思って、いつも以上に不安がつのります。自分では一生懸命やっているにもかかわらず、みんなに「もっとうまくやれ」といわれたら、つらいですね。しかも同じことをいわれ続けたら「ほんと、私ってだめだな……」と自信がどんどんなくなっていきます。みんなから認めてもらえなかったり、みんなの前で恥をかいたりすると、自分を大切にする気持ち（自尊心）が下がってしまいます。みんなと同じようにできないので練習をやめてしまったりすると、今度は「さぼってる」「協力しない」と批判され、「自分なんてどうせやってもしかたがない」と自暴自棄になってしまいます。
　「自分では一生懸命やっている」「できなくて自分もつらい」「認めてもらえなくてつらい」ことをうまく伝える練習をしましょう。

「一生懸命やっている」ことを伝えてみよう

❶ 「がんばってるけど、うまくいかない」ことをわかってもらおう

①これでも一生懸命やってるんだけど。苦手〜。

- なまけてできないのではないことを行動で示す。一生懸命さがわかると、応援してくれる子がふえるはず。

❷ みんなの気持ちやどうしてほしいかを伝えよう

①放課後、いっしょにやろう。

②いつもできなくてごめん。迷惑なんじゃない？

③つきあってくれて、ありがとう。

- その場だけの協力でも「うれしいなあ」という気持ちを伝える。
- 練習につきあってくれたら「ありがとう」といおう。

❸ 認めてもらえたときの気持ちを伝えよう

①うまくなったね。

②よかった。そういってもらえるとうれしい。

③つき合ってくれたおかげだよ。

- 認めてもらえない苦しさを伝えるより、少しでもわかってもらえたときに、感謝を伝える。
- 認めてくれる友だちに、これまでの苦しさを伝えてみよう。聞いてもらえるはず。

悪い例

できないんだから、しょうがない！

もっとていねいに教えてよ。

教えてくれて当然でしょ！

- 「教えてくれ」と命令されるより、「教えてほしい」とたのまれたほうが教える人も気持ちがいい。
- 自分が友だちからしてほしい態度をとろう。

❹ 友だちに恩返ししよう

①いつもわかりやすく教えてくれてありがとう！

②助けてもらえるとうれしいよね。私も友だちにそうしてもらったからわかるの。

③友だちが協力してくれた分、そうじでがんばろう！

● 認めてもらえる喜びを知っているあなただからこそ、友だちのいいところを見つけたり、ほめたりしてみよう。
● 自分の得意な（できる）ことで、友だちのためにがんばってみよう。
● あなたも困っている人の手助けしてあげよう。今よりもっとみんながあなたを認めてくれるはず。

アドバイス

　学校生活で苦手なことがある子にとって、うまくいかないことだけでもつらいのに加え、周囲に認めてもらえないことが続くと、さらに自尊心が低下します。
　怠けているように見えたり、周囲が手助けしてくれることを期待して手を抜いているように見えたりしがちなのです。子どもたちは、「どうして、自分でがんばろうとしないの」と不満をもちます。
　もともとの苦手さがあり、人の10倍、努力してもうまくできないことをまわりに伝えてみましょう。
　似たような苦手さがあっても努力して克服してきた子は、「もっとがんばれば大丈夫」とさらなる努力を強いるかもしれません。こんなときは、たとえば、「アレルギーや乱視の人に努力して直せとはいわないでしょ」と例をあげて説明し、努力でカバーできる範囲を超えていることを伝えます。保護者の理解を得る必要がある場合は、「小さいときから両親も含めてがんばってきた」「専門のトレーニングも受けてきた」などで伝わることもあります。
　支援が必要とわかると、手を差し伸べる子は増えます。手伝う、その子のペースを守る、努力や変化を認めるなどの行動が広がります。
　しかし、支援される側の子からの応答があってこそ、まわりの子どもたちの支援は続きます。「うれしいなあ」「ありがとう」という気持ちを伝えることは、その子にとっても大事な力ですし、支えあう喜びを互いに共有することができます。

01 アサーションの意味は？

■相互尊重の精神でおこなうコミュニケーション

この本のタイトルにもなっているアサーション（assertion）とは、どのような意味でしょうか？

それは、「自分の意見・考え・気持ち・相手への希望などを伝えたいときは、なるべく率直に正直に、しかもその場に合った適切な方法で伝えようとする自己表現」のことです。

「その場に合った適切な方法」とは、「自他相互尊重の精神」でコミュニケーションを行うことと言い換えることができます。表現する自分を大切にすると同時に、コミュニケーションする相手の言うことにもちゃんと耳を傾け、もし意見がちがったり、葛藤が生じたら、ごり押しをしたり、どちらかが一方的に我慢を強いられたりするのではなく、たとえば折り合いをつけられるところを見つけていこうという自己表現のことです。

こういった内容を端的に表現できる日本語が見当たらないので、アサーションという英語を、そのままカタカナ表記して使っています。

ちなみに英和辞典では、「自己主張」「断言」などの訳語が載っていますが、アサーションという言葉には単に自分の意見を主張するといった意味よりも、はるかに深く広い内容があります。

たとえば、自分も仲間に入れてほしいと思っているとき、貸したものを返してほしいとき、誘いを断りたいとき、相手の批判や誤解に対応したいとき、謝罪するときなど、「主張」だけではない、また、こちらの言い分だけを押し通すのではない、その人なりの自己表現が必要な場面は多くあります。

■「おどおどさん」「いばりやさん」「さわやかさん」のコミュニケーション

たとえ相手を気遣ってのことであっても、言いたいことを言えずにため込んでしまっていると、自己卑下の思いが募り、相手への苦手意識や拒否感などが強まります。そして、「自分もダメ」「相手もいや」といった悪循環に陥りがちです。アサーションではこれを「受身的」「非主張的」なコミュニケーションスタイルと呼んでいます（子どもにもわかりやすく、「おどおどさん」のスタイルと呼んだりしています）。

これとは逆に、自分だけが一方的に言いたいことを言い、相手の言葉に耳を傾けようとしない「攻撃的」なコミュニケーションスタイルがあります。このコミュニケーションスタイルでは自己信頼や自尊感情は育たず、対人関係の本物の満足感を得ることはできません（子ども向けには「いばりやさん」のスタイルと呼んだりしています）。

自分と相手を共に尊重し、自分の気持ちや考えを「その場に合った適切な方法」で自己表現する「アサーティブ」なコミュニケーションが必要なのです（子ども向けには、「さわやかさん」のスタイルと呼んだりしています）。

個人のコミュニケーション力を育成したり、自己信頼や自尊感情を育成する方法として、日本でもアサーションが注目を集めるようになっています。各地で、子どものためのアサーショ

ン・トレーニングが小・中・高の先生方やスクールカウンセラーなどの手によって、目の前の子どもたちに合うように工夫を加えながら、行われるようになっています。

【クイズに挑戦】
さて、ここでクイズに答えてみてください。
アサーションとは「自分の意見・考え・気持ち・相手への希望などを伝えたいときは、なるべく率直に正直に、しかもその場に合った適切な方法で伝えようとする自己表現」と紹介しました。
では、この中からとくに大切と思われるところを上の定義の中から4つぬき出してみてください。答えは次ページに。

02 アサーションの5つの特質

　答えは、「なるべく率直に正直に」「その場に合った適切な方法で」「自己表現」「伝えたい」です。その理由を説明することで、アサーションの特質を紹介したいと思います。

①「なるべく率直に正直に」

　「なるべくわかりやすく」と置き換えてもかまいません。こちらが相手に伝えたいことは何なのかを少しでも相手にわかってもらうために、「なるべく率直に正直に」話そうという意味です。

　これは、親しい人間関係を前提にした「以心伝心」「ツーといえばカー」というコミュニケーションを否定するものではありません。アサーションは、日本人的なコミュニケーションを否定するものとときとして誤解されますが、決してそんなことはありません。「あれさあ」「ああ、あれだね」と第三者には訳がわからない会話でも、2人の間では通じ合っていることがありますし、それはそれでステキなコミュニケーションでしょう。ただし、そういうコミュニケーションが成り立つ相手は、互いの人生を重ねてきた得がたい人間関係にある相手か、なぜか不思議とウマが合うといった特定の人に限定されます。

　一般には、言葉足らずや曖昧な言葉遣い、婉曲的な表現では、こちらの真意が伝わらず、思わぬ誤解を招くことがあります。どうせ伝えるなら、何を伝えたいかが相手に正確にわかるほうがよいでしょう。相手に伝わることで自分のコミュニケーション力への自信もついていきます。もちろん、「なるべく」ですから、できるところからでかまいません。

　最初から完全に「率直に正直に」などと身がまえたら、なんとも窮屈な、緊張を強いられるコミュニケーションになりかねません。「なるべく」を意識することでOKです。

　なお、相手に自分の言いたいことを「わかってもらう」ために「なるべくわかりやすく言おう」という態度と、相手に「イエス」と言わせるために、「わかりやすく言う」のでは、同じ「わかりやすく言う」でも、その意図がまったく異なっています。

　「わかりやすく言う」のは、相手がこちらの意見について考えたり、判断したりするのを容易にするためであって、「わかりやすく言ったからには、相手は絶対に賛成するべきだ」とか「わかったなら同意するに決まっている」と決めつける態度は、アサーションとは相容れないものです。

　自分としては、なるべくわかりやすく言ってみる、そして、相手がどう受け止めて、どんな反応を返してくるか、相手の反応を待って確かめてみるという姿勢が、アサーションのコミュニケーションの大前提にあります。たとえ大人と子どもの間、親と子の間、教師と子どもの間、上司と部下の間であっても、その前提は変わりません。

②「その場に合った適切な方法で」

　いくら「率直に正直に」「わかりやすく」と言っても、相手のことを考えない言いたい放題では元も子もありません。アサーションは自分と相手を共に大切にしようという精神で行うコミュニケーションですから、自分の言いたいことを

伝えることができても、その言い方に相手への配慮がなく、自分の言い分だけを押し通せればいいといった態度では、アサーションにはなりません。

この点がしっかり理解されないと、アサーションは「強い者勝ち」「主張し通す自己主張の方法を推奨する」といった誤解を招きかねません。

先日、ある学校の先生と話していたとき、「クラスに言葉のきつい子がいて、まわりの子を言葉でおさえつけてしまう。まわりの子はいやだと思ってもなかなかそのことを言えないでいる」「その子自身は、自分はコミュニケーション上手と自慢している。どうしたらいいのだろうか？」という相談をされました。

大人でもこうしたケースはよくあります。本人は「コミュニケーションに苦痛を感じたことがない」と自己認識していますが、まわりはその人とのコミュニケーションに苦労していることを気がつかないのです。

その先生には、その子に対して「相手の意見にもっと耳を傾けよう。相手と意見がちがうときにもおちついて相手の意見を聞くようにしよう。これができるようになれば、もっとコミュニケーション上手になれる」と折々に声をかけてほしいとアドバイスをしました。

また、3つのコミュニケーションスタイル（「おどおどさん＝受身的・非主張的」「いばりやさん＝攻撃的」「さわやかさん＝アサーティブ」）を取り上げて、どれが自分にも相手にも気持ちがよいコミュニケーションスタイルかをクラス全員で話し合う授業を行うことも提案しました。

③「自己表現」

アサーションでは、なにをどう言うかについて、ひとつのマニュアルや正解があるわけではありません。表現はその人その人のもの、十人十色でかまわないと考えられています。それを示すのがこの「自己表現」という言葉です。口数が多くても少なくても、その人なりのアサーションであればよいのです。

貸しているお金を返して欲しいと友だちに催促するとき、「お金、早く返して欲しいんだ」でも、「まだ返してもらっていないことが気になるんだ、返してくれるかな？」でも、「お金のこと言って悪いね。今月ピンチだから、早く返して欲しい」でもいいのです。

要はその子なり、その人なりの「自己表現」でいいわけです。アサーションは、自分らしさを大切にしたコミュニケーションであり、自分らしさを育てていくものでもあるのです。

④「伝えたい」

さて、もうひとつの「伝えたい」も、とても重要なポイントです。伝えたいのに伝えられない、言いたいのに言えない状態が続くと、人はストレスを感じ、「言えない自分はダメ」「なんてコミュニケーションべたなんだ」「自分が情けない」などの自己卑下の感情が高まります。また、言えない相手に対して、苦手意識や拒否感、嫌悪感、恨みがましい思いを抱くことがあります。相手といっしょにいるクラスや職場を「ここは自分に合わない」などとすべてを拒否したくなったりもします。

「自他相互尊重」の前提には、お互いに「伝えたいなら伝えよう」「言いたいなら言おう」ということがあります（このことを逆に考えると、相手に「言わない」「伝えない」ことを自己選択するなら、その選択もまたOKということです）。

「伝えたいなら伝えよう」「言いたいなら言おう」というメッセージには、「伝えたい意見や主

張、気持ちを持っているのは、ほかでもないあなた自身だ。それを発信できるのは、あなた以外にない」「あなたの主人公はあなただから、言いたいことがあれば、できるところからでいいので言っていこうよ」という、自己信頼や自尊感情、さらには基本的人権の尊重といった哲学が根底にあるのです。

　このアサーションの特質について言葉で説明しようとすると、ときとして子どもや若者からは「くさい」とか「金八先生みたい」とか言われたりもしますが、とても大切なことです。

　アサーションとは単に、その場で気の利いたことを言えればよいとか、まわりの人が感心するような話しぶりができるようになるといった、外見的な表現方法を教えるものではありません。その表現をする個人の内面をも育てる目的があり、その点がアサーションの特質でもあります。

⑤「アサーション・トレーニング」

　最後に、アサーションがしばしば「アサーション・トレーニング」と呼ばれるように「アサーションは練習によって身につく」と強調してることを取り上げます。

　言い換えると、アサーションをうまくできないのは、まだ学習をしていない（もしくは、誤った学習をしてきた）からで、大人も子どももアサーション・トレーニングを通じて、アサーションを徐々に身につけられるとみなします。

　「練習・トレーニング」と言いますと、「子どもはいざ知らず、大人でも練習が必要なの？」「大人になってからでも、コミュニケーションや人間関係に関することを練習で身につけていけるのか？」などと問われることもあります。

　その答えは、「イエス」です。大人の世界では、「人と意見が食いちがってはまずい」「自分の怒りの気持ちを出したりしたら、大混乱になるだけだ」「自分に余裕がなくても、人の頼みを断らない人こそ器の大きい人物」「大人になるというのは、自分でなんでもできること」「弱音をはいたり、助けを求めたりするのは弱い人間だ」など、旧態依然の考え方がまだ幅を効かせており、こうした考え方にしばられていると、アサーションのコミュニケーションはとてもむずかしかったりします。

　ですから、「大人のくせに練習が必要なのか？」というよりもむしろ、「大人こそ、練習が重要」と言えるかもしれません。子どもだけではなく大人も、アサーションを身につけたいと思えば、練習によって身につけていける点も大きな特質です。

03 アサーション・トレーニングがアメリカなどで生まれた理由

アサーション・トレーニングは、話し方がうまくなるというような技術なことだけに力点を置くのでなく、個人の自己信頼・自尊感情・人権感覚といった、人間の内面を育てることも目標にしています。このことを理解するには、アサーション・トレーニングが生まれ発展してきた歴史的・社会的背景を理解するとよいでしょう。

アサーションは1960年代、アメリカを中心として考案されました。当時、アメリカ社会はあからさまな人種差別や性差別が横行していました。たとえば、学校やトイレ、プールなどの公共施設などでも白人と非白人の区別があり、バスなどの公共交通機関でも白人席と黒人の席が別々になっていました。

そして、そういった差別をなくし、人が人として尊重される存在であることを宣言する「公民権運動」（基本的人権の回復運動）が野火のように広がりつつある時代でした。1963年8月、これはとても画期的な出来事でしたが、公民権運動家であり黒人牧師であったキング氏が提唱した「ワシントン大行進」には、人種差別の撤廃を訴える20万人以上の人びとが参加し、人種、性別、年齢、職業、社会的地位、ハンディキャップの有無などによって差別されることのない、だれもが生まれつき持っている、人として尊重される人権の獲得を訴えました。こうした大きな社会運動が巻き起こっていた時代でした。

当時、この「人権」を人々に伝えていこうとするなかで、人権とは何かが今ひとつ抽象的で伝わりにくく、その伝え方が模索されました。下手をすると、「人権があるのだから、何をしても許される」といった誤解を招いたり、暴力を引き起こしたりという問題も現実に出ていました。これまで差別されてきた人々にとっては、うっぷんや怒りなどが根底にあることが多かったため、「そうか、人権というものがあるのか。自分の言いたいことを今は自由に表現してよいのか」ということが、いきおい暴力につながったりしがちだったのです（ちなみに、これは過去のよその国の話ではなく、今の日本の子どもたちを見てもよくわかる話ではないでしょうか。普段、表現ができないなどの理由からうっぷんや怒りをかかえている子どもは、表現できそうな場合や相手に対しては、過度に攻撃的になったりする傾向があります。悲しいかな、大人の社会でも、八つ当たりや弱い者いじめなどが往々にあります）。そこで、人権を人々によりわかりやすく、かつ誤解を与えずに伝えていくための切り口として、このアサーションが着目されるようになりました。なぜなら、コミュニケーションや人間関係というものは、だれしもわが身に当てはめて考えやすい身近なテーマだからです。

例えば、職場で「言いたいことを言えず、いつもだれかの顔色を伺っていないといけない」「下手なことを言ったりしたら、それだけで殴られたり、首にされたりする」という状態では、自分の人権が守られていない状態です。あるいは「言いたいことを言うとしても、暴力や暴言が出る」「相手を自分の思うとおりにさせるためにだけ言う」といった状態では、これまた相手の人権を守ることができていない状態であることが、人々にわかりやすく伝わるからです。

04 アサーション・トレーニングの2つの目的

アサーション・トレーニングには、次のふたつの目的があります。
①実践的なコミュニケーションスキルを身につける。
②個人の人権感覚や自己信頼感を育てる。

アサーション・トレーニングの魅力は、この外面と内面の両面がある点、それらを双方向的に相乗作用的に育てていける点にあると、私は考えています。仮にスキルの学習がその場その場でのハウツーを覚えることだけになってしまったら、実生活での応用は効きませんし、本物の自信も育たないでしょう。

一方、人権意識を育てる、自尊感情を高めるといくら理念をふりかざしても、それが自分のものと実感できなければ、絵に描いた餅で、本人のエンパワーになり得ません。

また私は、この①と②のふたつの目的があることが、アサーションを子どもたちに伝えていく上でひときわ貴重ではないかと感じています。今の子どもたちがコミュニケーション下手になっていることについて、さまざまな場面で話題になっています。言いたいことがあるのに、それを上手く表現するすべを知らない、あるいは過度にきつい表現になってしまう子どもも多くいます。そういう子どもたちには、言いたいことをアサーションで表現できるようにしていく、①「実践的なコミュニケーションスキル」の練習が大いに有意義でしょう。

けれども一方で、自分が何を言いたいのか、相手に自分がどんな思い・考えをいだいているのか、そもそもそこからわからない、「どうせ、自分の意見や考え、気持ちなんて大したものじゃないし……」という自尊感情の低い子どもも、昨今は多くなっているのではないでしょうか。私はそのことが今、とても気になっています。「言いたいことを言っていい」と言われても、その「言いたい」ことがよくわからない、あるいは「もう言う気にもなれない」という子どもも結構いるのではないかと感じます。そういう子どもたちには、①のスキルの練習だけではあまり役に立ちません。むしろ、大人が①のスキルを熱心に教えようとすればするほど、子どもたちはかえって白けるか、心を閉ざしがちになるのではないでしょうか。

②の「人権感覚や自己信頼感を育てる」とは、まずは「あなたは自分の気持ちや考えを大切にしていいんだよ」「自分の気持ちや考えは何かな？　ゆっくりでいいから確かめていこう」「そして、それを伝えたいときは伝えていい。できるところからでいいからね」というメッセージを真摯に発信することです。発信する側が人権感覚や自己信頼感を自分の中に真に内在化させ、借り物でない自分の言葉として伝えないと、なかなか子どもたちには届きません。

しかし、発信する側がアサーションで伝えていくと、その言葉が子どもたちにたしかに伝わっていくことが実感できるでしょう。私は楽観的すぎるかもしれませんが、子どもの感受能力というものに信頼を置いています。こちらが口先だけで語っているかそうでないか、子どものアンテナは大人以上に鋭いのではないかと思うこともしばしばあります。

05 アサーション・トレーニングから期待できる効果

　子どもたちがアサーション・トレーニングから身につけられると期待できる効果を、6つに整理します。

①人間の多様性を理解することができる

　社会にはさまざまな人がいて、見た目も中身も、考え方や意見、価値観など多様です。私たちはこのことを実生活で体験しているはずですが、相手と意見が食いちがったりすると、必要以上に狼狽したり不愉快に感じたりもしがちです。自分と価値観の大きく異なる人を見ると、「理解できない人」「関係ない人」と決め付けたりしてしまうときもあります。

　大人ですらそうなのですから、子どもが人間の多様性を理解するのはむずかしいはずです。

　子どもたちは、家庭・学校・塾などと生きている社会が限定されがちです。親戚づき合いや地域の行事などにふだんから参加する機会があれば、「世のなかにはいろいろな人がいる」と実感するチャンスに恵まれますが、現代ではそのような人づき合いが徐々に減ってきています。

　また、祖父母が同居していたり、兄弟姉妹が多かったりすれば、世代・年齢による相違などを実感することもありますが、そうした環境も核家族化・少子化によって減ってきています。親子の間で意見・価値観などでぶつかるということも、思春期以降の子どもであればしばしば見られますが、思春期前の子どもですと、基本的には親の意見や価値観に従うことが多く、親子の間でちがいや多様性を実感することは少ないのが一般的です。

　さらに友だち関係でも、「仲よしとは同じ趣味や考えを持つもの同士」という風潮が強く、これには異年齢集団で群れ遊ぶことが今の子どもたちに激減していることも影響しているかもしれません。

　アサーション・トレーニングは、「人はちがいがあってあたり前」「ちがいがあるからいけないのではなく、ちがいをお互いにどう認め合っていけるかがだいじ」ということを大前提にします。

　たとえばアサーションの表現にはひとつの正解があるわけではないとつかんでいくことは、人間の多様性を受け入れ、ちがいを尊重できることにつながります。

②コミュニケーションは一発勝負ではないとわかる

　「いっしょに遊ぼう」「うん、遊ぼう」「○○を返してくれる？」「わかった、すぐ返す」など、相手がこちらの期待に見合った反応を返してくれたら、さぞ気持ちよいことでしょう。

　大人でも「この仕事、手伝ってくれませんか？」「了解です、手伝いましょう」「もう一度、よく考え直して欲しい」「わかった、考え直すようにするよ」などと、相手から打てば響くといった感じで「イエス」の反応がもどってくると、心地よく思うものです。

　しかし、人はさまざまな考え・意見・価値観をもっており、相手から期待通りの反応ばかりが返ってくるわけではありません。こちらが明瞭な伝え方をしているのだから、相手は「イエス」と言うべきだという考え方は、「相手にも意見・考

えなどがあり、こちらで勝手に決め付けるわけにはいかない」という前提をふまえていません。むろん、相手に「イエス」と言って欲しい気持ちは、とても素直な気持ちです。その上で、「相手がどう反応するかは、まず相手に任せよう、それを待って、また自分の言いたいことを言っていこう」というのが、アサーションの基本的態度です。

ですから、一方的にこちらの言いたいことを言って、こちらの思惑通りに相手を動かそうという態度は、アサーションとはまったく異なるものです。意見の一致が見られないときや葛藤が生じたりするときは、そこをどんなふうにやりとりをしていくかが、だいじな課題になります。

コミュニケーションは一発勝負ではありませんから、自分がその場で言えなければ、「今、すぐに意見を言えない。もう少し考えてから言うよ」「また、後で話し合おう」でもOKです。また「さっきはAと言ったけど、よく考えたらBのほうがいいと思った」など、自分の意見を変えても良いのです。

コミュニケーションが一発勝負でないとわかると、子どもたちがコミュニケーションに安心感や余裕を感じられるようになります。「言った」「言わない」でもめたり、「さっきはAと言ったのに、Bに変えるのなんて許せない」などと責め合うことが少なくなります。コミュニケーションが双方のやりとりからできていることを体得できれば、自分や相手に対して丁寧に向き合う態度もおのずと育ちやすくなります。

③「言う・言わない」を自分で判断するようになる

アサーションは、「いつも自分の考えや意見を言わなければならない」とはちがいます。「自分が言いたいと思ったら、言っていこう」が土台です。

たとえば、「アサーションすると危険だ」「発言すると相手が余計に攻撃してくる」「アサーティブに意見を言うだけの時間とエネルギーがない」などの判断で、「言わない」ことを選択することがあります。この場合は、「アサーティブ」に「言わない」を選択したとも言えます。

「言えない」ではなく「言わない」を自分で選んだのですから、自己卑下や相手への憤り・恨みなどにつながりにくくなります。「アサーションする・しない」を判断したり、言いたいなら「どんなふうに言うといいかな」などと考えることは、その子の主体性を育てることに直結するはずです。

子どもたちに「言う・言わない」は自分で選択できること、そして、アサーション・トレーニングを気長に練習していけばよいこともしっかりと伝えてください。真面目な子どもほど、つねに「アサーティブ」にコミュニケーションをしようとがんばりすぎ、そのために相手から辛い目に合わされる、ということにもなりかねないからです。子どもが自分の意見を言うことに対して、「生意気だ」「子どものくせに、ちがう意見を言った」「いちいち面倒くさい子」などと、否定的な評価を下す大人も、残念ながら少なくはありません。

アサーションは自分を大切にすることが核になります。アサーションをした結果、自分がよけいに辛くなったり、安定感を脅かされたりというのでは本末転倒です。なお、子どもが「言う・言わない」を自分で判断するというのは、「ひとりで何でも判断しなさい」と子どもを突き放すという意味ではありません。子どもひとりでは判断がつかないようなときには、子どもはもちろん身近な大人の力を借りてよいわけですし、

大人は子どものよき相談相手・話し相手、支え手でありたいと思います。

④友だちを作り、友だちと仲よくなる

小学校3年生に、毎週「総合」の時間を使って約10カ月間、アサーションを中心としたコミュニケーションの授業を実施した先生がおられました。私はその授業を折々に見学し、授業の終了時に子どもたちに、「アサーションを学んだことは、あなたにとってどんなところが良かったですか？」などとインタビューをしました。

「きょうだいげんかが減った」「お母さんに話し方が上手になったとほめられた」など、いろいろな回答がありましたが、圧倒的に多かった答えは、「友だちができた」「友だちと仲よくなった」というものでした。小学校3年生という学年から、その類の回答が多かったとも言えますが、子どもたちにとって「友だちができる」「友だちと仲よくなれる」ことがどれほど重要か、改めて思い知らされました。

アサーション・トレーニングとして、友だちを誘ったり、誘われても断ったりという練習や、またちがう意見をもとにしながらお互いに歩み寄る練習などを積み重ねるなかで、あまり会話がなかった友だちと話す場面が出てきたり、いっしょに遊んだりという姿が多く見られるようにもなりました。

小学生でも「相手から拒否されることが怖くて、遊びに誘いたくても誘えない」「仲間に入れて欲しいと望んでいても、断られることがいやで言い出せない」という子どもがけっこういます。また、相手が自分の思う通りに反応しないと「もう友だちじゃない」「むかつく」などと無視したり、排斥したりといった言動をとりがちな子どももいます。

アサーション・トレーニングは、「友だちを作りたい、友だちと仲よくなりたい」という、子どもたちの素朴な、そして真摯な願いを実現させやすい教育プログラムです。

⑤自分で自分を守る力が育つ

自分で自分を守る自衛力を育てる面でも、アサーションは大きな意義をもっています。

『自分を守る力を育てる——セーフティーンの暴力防止プログラム』（アニタ・ロバーツ著、園田雅代監訳、金子書房）は、10代の子ども向けに開発された、アサーションを基調とした暴力防止のプログラムですが、「受身的スタイル」や「攻撃的スタイル」の強い子を次の5つのタイプに分け、いずれも暴力被害にあいやすいと指摘しています。

①きわめつきの「いい子」——人には従順でないといけない、腹を立てたり、大声を上げたりしてはいけないと思いこんでいる場合、本来は暴力やいじめなどから自分を守る際に不可欠な言動を、粗暴でいけないことと考えてしまう。一般に女子に多いが、男子でも感受性が豊かでやさしかったりするタイプの子がなりやすくもある。

②「受難者」タイプの子——いつも他人への気遣いばかりが先行し、明らかに暴力やいやな目にさらされている場合ですら、相手のことを考えて「大したことじゃない」「自分が我慢すればいい」などと受け入れてしまう。肝心の自分を気遣えなくなっている状態にある。

③いつも好かれなくてはいけないと思い込んでいる子——相手がかまってくれたり、相手にしてくれたりすることを期待して、相手の気に入ることだけをひたすら行い、自分の本心を押し殺したり忘れたりしやすい状態にある。

④恐れを知らない子――自分の弱さを外に出してしまうとまわりから見下されたり、馬鹿にされるのではないかという思い込みを身につけていて、いつも自分が強いことを証明しなくてはいけないと思っている。

⑤いじめをする子――心のなかに無力感や満たされなさを抱えていることが多い。それで、過度に大人とぶつかったり、他の子をいじめたり、逆に自分がいじめられるということにもなりやすい。

このプログラムでは、ボディ・ランゲージ（身体表現）や言葉かけをアサーティブにすること、相手からいやなことをされたら怒ってもいいこと、不安・恐れの感情は不要なものではなく、自分を守る上で非常に大切であることを子どもたちに伝えています。

十代よりもっと幼い子どもに対しても、「いやなことはいやと言ってよい」「困った事があればすぐに大人に助けを求めてよい」といったことを、アサーション・トレーニングで身につけさせられたら、それは子ども自身の自衛力育てとなります。

⑥まわりから助けてもらう力を育む

「なんらかの危機に直面した者が、他者に対し積極的に援助を求めるかどうかの認知的な枠組み」を示す言葉として、「被援助志向性」という用語があります。また、「対人援助要請力」とは、援助を必要とする場面で、実際に自分から他者に援助を求めることができる力、という意味で使われています。

これらの言葉が心理学などの分野で注目されてきているのは、「人は大人になれば何でも自分ででき、他人から助けを求めたりしないのが望ましい」といった従来の人間観が180度転換して、「人は大人になっても、自分だけではできないこと、また悩んだりすることも多い。そういうときに上手に他人に援助を求めることができるのは、その人の弱さではなく、むしろ強さに通じる」というとらえ方になってきたことが背景にあります。

たしかに、想像もしていなかったＩＴ化された社会、日本的な終身雇用制の崩壊、超高齢化社会の出現、世界規模での不景気といった状況に対して、大人も自分ひとりではどうしようもない、互いに助け合わないとままならないことが多くあります。それなのに、「助けて欲しいなんて、はずかしくて言えない」などと「受身的スタイル」をとり続けたり、あるいは「自分で求めなくてもこちらの期待に見合った助けがあってしかるべきだ」などと「攻撃的スタイル」でいたりしたら、その人の抱える困難が解決され難いことは容易に想像がつきます。

では、子どもたちは、自分が困っているときに「自分から発信して上手に助けを求めようとする力」をうまく発揮できているでしょうか？

本来、子どもは大人から守られる存在で、大人から「大丈夫？」などと声をかけてもらったりしてほしいはずです。しかし、大人も余裕がない生活に追われ、子どもが発するＳＯＳへの受信能力が十分に発揮されているとは言い切れない状況になってきています。

子どもが大人に助けて欲しいと言えず、ひとりで悩みを抱え込んだままだったり、ときとしてそれが爆発し、自分や他者を傷つけるという形で表出される事件が起こるたび、何ともやりきれない思いになります。

「困っているときや助けて欲しいときに、自分からそのことを伝える」ことは、子どもにとってもアサーションの現代的な意義のひとつです。

06 アサーションを伝えていくときの3つのコツ

　大人が子どもたちにアサーションを伝えていく際、3つのコツがあります。

①気長に練習することを支援する

　子どもは大人に比べて語彙力や感情コントロール力、また相手を共感する力など未発達な状態なのですから、うまくアサーションができないのは当然です。だからこそ、「気長に練習していく」「少しずつ身につけていく」ことが必要です。アサーション・トレーニングをちょっとおこなったからといって、たちどころにコミュニケーションスキルを体得できるわけではありません。

　なかには、すぐに成果が出ないとやる気をなくしてしまったりあきらめてしまったりする子どももいるでしょう。でもすぐにできなくてもいいし、練習しようとしていること自体が素晴らしいことです。うまくできなかったり、相手からがっかりするような反応が返ってきても、また練習しようという気持ちになることが、「自分と相手を共に尊重する姿勢」であることを、子どもたちにわかりやすく伝えてください。

　それには、まず大人自身が、アサーションを気長に練習するものと実感していることが必要です。「大人も気長に練習、子どもも気長に練習」「共に気長に練習」をモットーにしてください。

②大人がアサーションのモデルとなる

　大人がいくら言葉で一生懸命にアサーションを説明しても、大人の日頃の言動がアサーティブでなければ、子どもはその大人を信頼することができないでしょう。伝え手がアサーションのよきモデルであることが重要です。ただし、よきモデルと言っても、つねに完璧な姿を示すということではありません。もし、大人が子どもの前では完璧なアサーションをしないといけないなどと身構えていたら、さぞ窮屈でしょう。

　また、子どもにとっても、アサーションが本来もつ、自由さ・大らかさがまったく伝わらず、「正解を出さないといけない」といった間違った思いこみが植えつけられてしまう恐れがあります。よきモデルというのは、子どもよりはアサーションを多少マスターしており、「気長に練習すればよい」と実践している大人、といった意味においてです。

　アサーションを子どもたちに伝える際、子どもたちから思いがけない反応や質問などが出てくることがあります。いわゆる正解がひとつ、といった授業とアサーションの学習はずいぶんおもむきが異なります。

　子どもたちのなかには「攻撃的スタイルのほうが、言いたいことをカッコよく言えていい」と強硬に主張したり、「本音を言うなんて絶対にできない」「練習なんて無理」とひどく消極的に反応したりする子どももいます。

　そういう子どもたちに対し、「間違っている」「ダメだ」「やる気がない」などと決めつけてはなにも始まらず、むしろ「反アサーション」の姿を子どもたちに示すことになってしまいます。

　明らかな授業妨害などには、「そういった言動をやめて欲しい」ことをはっきりと真摯に伝えます。それこそ、伝え手の側のアサーションの

ありようが問われる局面です。と同時に、思いがけない反応・意見を投げてくる子どもを無視したり、一方的に叱責したりすることでコミュニケーションを拒絶しないことがポイントになります。

かといって、そうした子どもの言動に過度にこだわったり、巻き込まれたりするのも避けたいところです。こういうときにこそ、いろいろな意見・考えがあって当然、という基本的態度が伝え手には求められます。その場ですべて「正しい」ものに変えようとしても無理なことです。

「あの大人と話すと楽しい」「気持ちをわかってもらえる」「よく話を聞いてもらえる」「自分の言いたいことが、なぜかあの大人には言いやすい」といった感想を子どもがもつなら、その伝え手が子どもにとって良きモデルとなっていることの証（あかし）です。そういった意味のモデルを目指したいものです。

③子ども一人一人のちがい・個性を尊重する

こちらの話を真剣に聞く子どももいれば、あまり興味なさそうに聞く子ども、アサーションの練習を楽しみながら熱心に行う子ども、面倒くさそうに練習に参加する子どもなどなど、千差万別です。

大人向けのアサーションの講座や研修でも、参加者から多様な反応が見られるのは同じなのですが、大人の場合は自主的な参加が多いこともあって、おしなべて真剣に学ぼうという基本姿勢があります。

子どもの場合は、授業の一環で行われたりすることが多いため、コミュニケーションという主題にさほど興味のない子もいますし、「攻撃的スタイルがよい」と思い込んでいる子や、「受身的スタイル」を変えられるわけがないとあきらめている子もいます。

それこそ子どもたちの受け止め方や問題意識・レディネス（readiness。教育準備性。一定の知識・経験・身体など学習の際の基礎条件・状態）は多様です。その子たちが「攻撃的スタイル」や「受身的スタイル」を身につけたのも、それなりの理由があってのことです。伝え手は「いろいろな反応があってあたり前」「すぐにどの子もアサーションを理解したり練習に積極的になったりしなくても、それはそれで当然のこと」と、大らかに構えていることが必要です。

アサーションの伝え手は、ひとつの目標に向かっていっせいに子どもたちを動かすという意味での「リーダー」ではなく、ひとりひとりのありようを最大限に尊重し、その学びの多様なあり方を促進するという意味で、「ファシリテーター」（facilitator。複数の人が参加した場で、進行を務める人。中立な立場を守り、プログラムを進行していく）であることを意識されるとよいでしょう。

その時間中はあまり関心のなさそうな様子でいながら、感想にいろいろと意見を書いてきたり、本質的な問いをズバッと投げてきたりするような子どももいます。

ひとりひとりのちがいや個性によって、受け止め方や反応がさまざまであって当然という姿勢をもって臨むと、子どもたちの多様な受け止め方や思いがけない反応に、新鮮さを感じ、おもしろいと思う余裕も生まれやすくなります。

あとがきにかえて
―― 子どもの疑問・反論をどうぞ大切に ――

　この本は、子ども自身に読んでもらうことを想定しています。ですから、子どもたちに自由に好きなところを読んでもらえれば何よりです。著者一同、わかりやすく書くことに努力しましたが、アサーション・スキルは読んですぐに体得できる、というものではありません。

　「自分がどんな気持ちなのか、落ちついてみよう」「自分の言いたいことを打ち消さないでいいんだよ。自分の意見や考えを大切にしていこう」といった「自尊感情」「自己信頼」に関するメッセージもたくさん含まれています。あなたの気持ちはと言われて、理路整然と話せる人は大人でもそうはいないでしょう。

　また、「ほかの人と意見がちがってもいい」とか、「仲よしはいつも意見などが同じことでなくていいんだよ」などと、個人のこれまでの考え方（ときとして、「思い込み」となってその子をがんじがらめに縛っているような考え方）を揺さぶり、それに疑問を投げかけるような内容も盛り込まれています。

　ですから、読んですぐにわからないとか、「ここで言っていることはおかしい」といった受け止めがあっても当然と思います。むしろ、そういった子どもからの素直な疑問やとまどいをぜひ、だいじにしてほしい、それこそ、大人が子どもとのやりとりで具現化しうるアサーションではないかと思います。

　本書への子どもからの疑問や反論などを、どうぞ大人は大切にしてください。「どうしてそう思ったの？」「どのへんがわかりにくかった？」「どこが間違っていると思ったのか教えて」など、本書をもとに、子どもとのアサーションのやりとりをぜひ、実行してください。

　子どもに読ませておしまい、ではなく、子どもとのコミュニケーションにこの本を活用してください。これが私たちの一番の願いであり、またこの本をうまく使っていただくコツだと思っています。

　また、授業などでこの本を使うときは、目前の子どもたちに合わせて臨機応変にアレンジなさってください。ねらいはきちんとおさえつつ、でも例示などは子どもたちの現状に合わせて、より適切なものを盛り込んでくだされればと思います。

　今、起こっている問題を一挙に解決しようと、焦ったり力みすぎたりしないこと、また、特定の子どもがみんなに責められたりすることのないよう、どの子どもも心理的な安全感が保障された上で参加できるように、くれぐれも配慮してください。

　最後にもう一度、子どもも大人も「気長に練習していこう」がアサーション・トレーニングのポイントです。この本も折々、子どもたちに、そしておとなの方々にくり返し読んでいってもらえたらうれしい限りです。

執筆者を代表して　園田雅代

◆執筆者紹介

園田雅代（そのだ・まさよ）：監修・編著

東京生まれ。東京大学教育学部教育心理学科卒業。東京大学教育学研究科教育心理修士課程修了。玉川大学講師・助教授、創価大学教育学部・大学院助教授を経て、現在、創価大学大学院文学研究科臨床心理学専修課程教授ならびに創価大学教育学部教授。臨床心理士。アサーション・トレーニング講師として、とくに教育分野への普及や、子ども・若者たちにアサーションを伝えることに力を入れている。
主な著訳書：『教師のためのアサーション』（共編著、金子書房）『子どものためのアサーショングループワーク』（共著、日本・精神技術研究所）『自分を守る力を育てる』（監訳、金子書房）『アサーティブ・ウーマン』（共訳、誠信書房）ほか。
（執筆担当：8,10,15,18,21,22,24,26,27, 第3章）

鈴木教夫（すずき・のりお）：編著

元小学校教諭・日本学校教育相談学会副会長・学校カウンセラー・茨城県古河市教育委員会「学校心のアドバイザー」。新潟大学教育学部卒業、兵庫教育大学大学院修士課程修了後、埼玉県内公立小学校教諭として勤務。長年子どもたちのカウンセリングをおこなっている。
（執筆担当：3,7,12,14,19,23,25）

豊田英昭（とよだ・ひであき）：編著

北区立滝野川第四小学校副校長・学校心理士。農林水産省水産大学校漁業学科専攻科卒業後、民間企業勤務を経て公立小学校教員・副校長として勤務。アサーティブコミュニケーション・プログラムの研究を続けている。教育相談・スクールカウンセリング等の講師経験多数。
（執筆担当：1,2,5,9,28,29,30,31）

◆執筆者・担当項目（50音順）

石川　芳子	鎌倉女子大学講師・学校心理士	(10,13,15,16,17)
打波　祐子	武蔵野市教育支援センター・臨床心理士	(30,31)
江口めぐみ	立正大学心理学部助教・臨床心理士	(4,11,20)
小島　裕子	世田谷区立芦花小学校教諭	(6,11,20)
斉藤　光男	川口市立芝樋ノ爪小学校教諭・特別支援教育士スーパーバイザー	(35,36,37)
高橋あつ子	早稲田大学大学院教職研究科准教授	(32,33,34,38)

本文デザイン	佐藤健＋六月舎
イラスト	加藤由梨・サイドランチ
組　版	酒井広美

イラスト版 子どものアサーション
自分の気持ちがきちんと言える38の話し方

2013年3月30日　第1刷発行
2024年2月20日　第6刷発行

編著・監修	園田雅代
発行者	坂上美樹
発行所	合同出版株式会社
	東京都小金井市関野町 1-6-10
	郵便番号 184-0001
	電話 042（401）2930
	URL：https://www.godo-shuppan.co.jp/
	振替 00180-9-65422
印刷・製本	新灯印刷株式会社

■刊行図書リストを無料送呈いたします。
■落丁乱丁の際はお取り換えいたします。

本書を無断で複写・転訳載することは、法律で認められている場合を除き、著作権及び出版社の権利の侵害になりますので、その場合にはあらかじめ小社あてに許諾を求めてください。
ISBN978-4-7726-1099-5　NDC 376　257×182　©Masayo Sonoda,2013

イラストでマスターする生活技術

■ 朝日、毎日、読売、NHK、TBSなど100以上の媒体で絶賛紹介！

【B5判並製／1600円】

イラスト版 ADHDのともだちを理解する本
原仁＋笹森洋樹[編著]
大人と子どもがいっしょに考え学べる本。適切なサポート方法がすぐわかる。最新情報も満載！
●好評5刷

イラスト版 発達障害の子がいるクラスのつくり方
梅原厚子[著]
ちょっとした工夫や対応で発達障害の子どもたちもいきいきと学べる教室に！
●好評6刷

イラスト版 自閉症のともだちを理解する本
原仁＋高橋あつ子[編著]
自閉症のともだちを理解し、助け合う気持ちを育てます。適切なサポート方法がすぐわかる。
●好評3刷

イラスト版 LDのともだちを理解する本
上野一彦[編著]
LD（学習障害）の子どもの世界がわかる。学校生活での具体的な手だて、工夫の仕方を紹介。
●好評3刷

イラスト版 こどもの対話力
多田孝志・石田好広[監修] 学習スキル研究会[著]
相手の話を理解し、自分の考えを伝える。内気な子も、口べたな子も、話すことが楽しくなる！
●好評2刷

イラスト版 気持ちが伝わる言葉の使い方
花田修一[編]
わかりやすい解説と、楽しいゲームやワークで、敬語がわかる！身につく！
●好評2刷

イラスト版 子どものソーシャルスキル
相川充＋猪刈恵美子[著]
友だち関係に悩む子どもたちに、これだけは教えたい、人づきあいに勇気と自信を持つ方法。
●好評8刷

大好評既刊

イラスト版 ロジカル・コミュニケーション
つくば言語技術教育研究所[編] 三森ゆりか[監修]
上手にコミュニケーションをとる論理的思考方法や対話法、表現法を具体的シミュレーションで紹介。
●好評17刷

イラスト版 こころのコミュニケーション
子どものコミュニケーション研究会[編] 有元秀文＋輿水かおり[監修]
家庭で学校で、親、先生、友だちとこころを通わすトレーニング法。
●好評17刷

イラスト版 こころのケア
久芳美惠子＋梅原厚子[編著]
どうしたの？　いつも味方だよ。子どものSOSサインを見逃さず、心に届くプラスのメッセージを。
●好評13刷

イラスト版 気持ちの伝え方
高取しづか＋JAMネットワーク[著]
どんなときでも自分の気持ちや考えをうまく表現するトレーニングを、はじめよう。
●好評6刷

イラスト版 発達障害児の楽しくできる感覚統合
太田篤志[著]
生活の中のちょっとした工夫で、楽しみながら、脳と身体をつなぐ感覚統合機能を発達させる。
●好評3刷

イラスト版 教師のためのソーシャルスキルトレーニング
河村茂雄[編著] 浅川早苗＋深沢和彦＋藤原和政＋川俣理恵[共著]
クラスをまとめ、子ども一人ひとりを育成するために、いま教師が身につけておきたいスキルを解説。
●好評3刷

イラスト版 子どものアサーション
園田雅代[監修・編著] 鈴木教夫＋豊田英昭[編著]
学校や家庭でよくある場面から、自分らしいコミュニケーションの方法をわかりやすく紹介。
●好評4刷

■別途消費税がかかります。